SUR LE SENTIER DE LA PSYCHANALYSE

Tous les chemins mènent à Freud

Du même auteur

L'homme qui voulait voir le monde – Le gorille et le psychanalyste, Paris, L'Harmattan, coll. « Là-bas », 2012

Pierre-Georges Despierre

SUR LE CHEMIN DE LA PSYCHANALYSE

Tous les chemins mènent à Freud

L'Harmattan

En mémoire de Mamée
et de Marie Bonaparte

5-7, rue de l'Ecole-Polytechnique, 75005 Paris

http://www.harmattan.fr
diffusion.harmattan@wanadoo.fr

ISBN : 978-2-343-02889-7
EAN : 9782343028897

« C'est l'éternel écoulement de la vie qui la rend si belle ».
Dit un jour Sigmund Freud à Marie Bonaparte.

1912-Le Comité secret

On y voit : Otto Rank, Sigmund Freud, Karl Abraham, Max Eitington, Sandor Ferenczy, Ernest Jones et Hanns Sachs.

Introduction

Mon adolescence fut marquée par l'atmosphère de la dernière guerre et c'est à cette époque particulière qu'en 1944-1945, ma grand-mère maternelle commença à me parler de Sigmund Freud. Mamée (1871-1970) me racontait souvent ce qu'elle savait sur son œuvre et en particulier du Groupe des sept (Sandor Ferenczi, Otto Rank, Hans Sachs, Karl Abraham, Max Eitingon, Ernest Jones et Sigmund Freud). Elle me fit découvrir son arrière petite cousine Marie Bonaparte avec qui elle correspondait, qui avait admiré Freud avec passion et l'avait sauvé des griffes des nazis en 1939. Ce personnage devint vite mythique pour le jeune garçon que j'étais et bien plus tard je découvris que derrière le Freud de ces confidences, celui des années universitaires, celui qu'on nous enseigna en philosophie, puis aux cours théoriques concernant la psychanalyse, un autre Freud plus énigmatique était resté longtemps inconnu du public dont je faisais partie, sauf peut-être de certains érudits. Ce n'est que depuis l'ouverture après la guerre d'archives accessibles aux historiens, que nous apprîmes qu'il s'était intéressé à beaucoup plus de choses qu'il n'en paraissait. Très curieux de symbolisme, des rites et de leurs origines, des traumas au transgénérationnel, de l'archéologie des civilisations à celle des âmes.

Malgré les apparences induites à l'issue de sa rupture avec C.-G. Jung, il n'a jamais rejeté tout intérêt pour certaines curiosités de ce dernier, telles le symbolisme et tout ce qu'on situe trop souvent dans l'occultisme. Mais la rigueur de son travail de neurologue qu'il voulait indispensable fut toujours maintenue d'autant qu'il

s'agissait du cadre nécessaire à la transmission de son oeuvre, héritage qu'il désirait ardemment laisser au monde avec la nouvelle « Psychanalyse ».
Puis au-delà, nous avons découvert une discrète vie personnelle : par exemple un Freud créateur de loges maçonniques, tout comme nous avions découvert un Freud attaché à la culture hébraïque qui lui collait à la peau avec les souvenirs de son père. *Moïse et le monothéisme* et les affres de l'accouchement de ce livre en témoignent. Cette œuvre née sous les auspices d'un philhellénisme d'époque, fut une médiation entre deux civilisations rappelant ce qu'il devait à Schiller, Voltaire et Goethe, à la tradition des Lumières européennes plus qu'à l'égyptologie scientifique de son temps.
L'occident, de nos jours perd petit à petit de sa superbe, il se sent dépossédé de certains préjugés en se confrontant aux autres cultures qui aujourd'hui sont beaucoup plus accessibles depuis que l'impérialisme colonisateur qui nous aveuglait s'est dissous progressivement. Grâce à des anthropologues, des ethnologues, tels Lévi-Strauss nous avons accès à d'autres modes de penser jusqu'alors méprisés. Du côté de l'esprit, nous croyions avoir été supérieurs car nés d'une culture dominée par l'écrit et le monothéisme. Souvent nous rabaissions les cultures orales, d'autre part, faisant prévaloir le matérialisme, la matière avant la psyché c'est-à-dire tout ce qui peut être étudié par des sciences physiques, chimie, biologie, (excluant l'influence de l'expérimentateur) nous étions là, passés maîtres et pensions pouvoir dominer le monde.
Freud advint à cette époque charnière dans la suite « des Lumières » pour instiller une nouvelle forme de réflexion sur soi où l'on gagna en sagesse à retrouver une *gaya scienza* des temps anciens trop rapidement oubliée, telle la culture Bouddhique reliant psyché et soma dans ses concepts et ses pratiques. Depuis près de 5000 ans, la

médecine chinoise, la médecine ayurvédique traitent de façon préventive et curative avec des pratiques encore éloignées des nôtres, car leurs théories et les nôtres ne se recouvrent pas. Mais leur efficace commence à être mieux reconnue en Occident. La mondialisation n'est pas qu'une uniformisation c'est aussi un brassage de cultures que nous avons à notre portée et qui devient une richesse si nous savons l'explorer et l'étudier.
Freud déclarait en 1935 dans son post-scriptum à *l'Auto-représentation,* que depuis 1923 il avait délaissé la psychanalyse pour se consacrer à l'essentiel de son intérêt et de ses forces créatrices pour mieux fixer son attention et ses réflexions sur la religion et les cultures en général*.
La psychanalyse qui se révèle toujours être une éthique du bien dire, peut nous fail retrouver d'autres pratiques du « dire » qui se passent sous d'autres cieux. L'homme quelque soit sa couleur et ses origines reste un *parlêtre* comme disait Lacan c'est-à-dire accessible à l'écoute et à la parole de l'autre son alter puis de l'Autre de l'autre.
Monsieur Freud éternel chercheur, médecin curieux et insatisfait archéologue de l'âme vous fûtes un prophète des temps modernes. La sagesse antique vous l'avez renouvelée avec ce « *Wo es war soll ich werden* » et vous nous guidez ainsi sur les chemins de la connaissance. L'introspection qui nous conduit aujourd'hui vers cet « insu de nous » qui vit en chacun, n'est-ce pas plus qu'un outil thérapeutique pour des souffrants, qu'une quête d'harmonie, d'homéostasie via ce « *Connais-toi toi-même, et tu connaîtras l'Univers et les dieux* » ?
Vos orientations post-analytiques de 1935 ainsi que vos non-dits, expressions de votre prudence qui motiva votre destruction de lettres et documents afin d'éviter les risques d'interprétations ultérieurs de votre œuvre que vous avez voulu à tout prix protéger, ont provoqué notre curiosité. Aussi avons-nous laissé aller notre imaginaire.

« À chacun son Freud… ».

Même mort vous devez encore faire face à des détracteurs toujours à l'affut de vous discréditer, vous ou vos travaux. Alors avec quelques touches de pinceau à la manière des pointillistes (*Les mystères de l'Art*, Christophe Paradas, Paris O. Jacob, 2012) et toujours suivant les multiples cordes de votre arc, nous avons choisi de présenter cet essai, fictions ou non, d'un Freud inventif initiateur de nos propres curiosités.
Nous avons suivi le fil conducteur de celles-ci dans votre trace, avançant des associations sans conclure, tel le temps d'une séance de psychanalyse où l'on se laisse aller à tout ce qui vient à l'esprit. Chapitre après chapitre nous marchons sur le sentier de la psychanalyse, toujours asymptotique à votre inspiration.

*

NOTES

*-CH. Malamoud, *Féminité de la Parole,* A. Michel 2005, p 149 & suivantes.

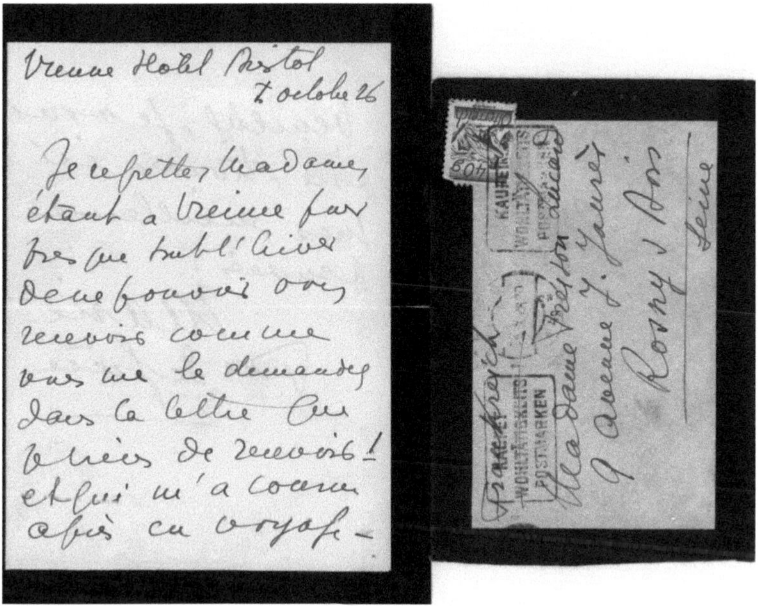

Vienne Hotel Bristol
7 octobre 26

Je regrette, Madame, étant à Vienne pour presque tout l'hiver de ne pouvoir vous recevoir comme vous me le demandez dans la lettre que je viens de recevoir ! et qui m'a couru après ce voyage –

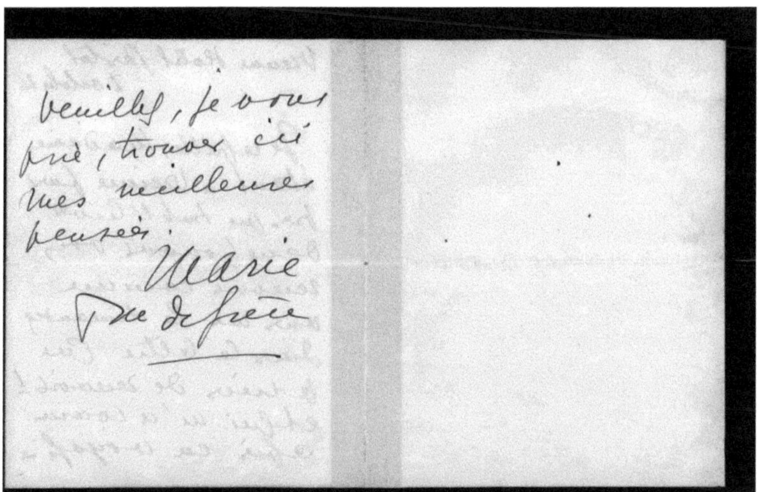

veuillez, je vous prie, trouver ici mes meilleures pensées.
Marie
Pce de Grèce

Lettre de Marie Bonaparte à Mamée depuis Vienne, 1926.

De la cellule au parlêtre

Au commencement était la cellule fécondée puis ce fut la blastula et la morphogenèse. Construction à partir d'une gastrula dissociée, d'un ectoderme d'un mésoderme d'un endoderme pour aboutir à un embryon puis passant par le fœtus, mettre au monde un humain. De même à partir d'un organisme mystérieux on passe d'un être indifférencié à un être assujetti à sa mère puis à un $Sujet (qui est sujet de son inconscient) si faire se peut, soit un être de langage, un *parlêtre* selon le néologisme lacanien. Freud dans sa *Contribution à la conception des aphasies* (Paris, PUF, 1983, p.53-123-127-153-154) évoque Wernicke. « *Le processus physiologique du langage se présente à lui comme un réflexe cérébral. Les sons du langage arrivent par la voie du nerf acoustique dans l'aire située dans le lobe temporal, le centre sensoriel du langage, de là l'excitation se propage vers l'aire de Broca dans le lobe frontal, le centre moteur qui envoie l'impulsion au langage articulé vers la périphérie* » / … / « *On cite en général quatre composantes de la représentation du mot : l'image sonore, l'image visuelle de la lettre, l'image motrice du langage et l'image motrice de l'écriture* » / … / « *L'appareil du langage se révèle à nous comme une partie continue du cortex dans l'hémisphère gauche, entre les terminaisons corticales des nerfs acoustique et optique, et celle des faisceaux moteurs du langage et du bras* »/…/«*Du point de vue psychologique, nous avons défini le mot comme un ensemble de représentations et indiqué qu'il était rattaché par son extrémité sensible, à partir de l'image sonore, à l'ensemble des représentations d'objet* ». L'homogénéité de ces travaux démontre que la théorisation de sa psychanalyse, à savoir, le conscient le préconscient et l'inconscient sont issus de la démarche scientifique du neurologue. Bien avant l'élaboration par F. de Saussure dans son cours magistral, les valences qui lient le langage au cortex cérébral étaient donc déjà repérées. Ce repérage, Freud l'a fait à partir de l'étude des pathologies neurologiques et Lacan plus tard formulera la structure psychotique à partir de lectures de textes de patients psychiatrisés. Parmi les multiples approches possibles des successeurs de Freud, nous aborderons la théorie du dernier, celle de Jacques Lacan qui lui est indissociable avec le nouage dit Borroméen, extrapolée du ternaire de *L'anthropologie structurale* de Claude Lévi-Strauss. Là où Réel Imaginaire et Symbolique constituent les trois registres donnant accès à la parole pour chacun de nous dans sa particularité. Ce qui rend unique chacune de nos relations (intérieur-extérieur, interne-externe) et dont les dérapages ou les ratages signent nos psychopathologies.

Pour illustrer la théorie de la composition structurale du psychisme humain : Inconscient, Préconscient, Conscient de la première topique, on nous pardonnera l'image grossière de l'iceberg, où ce qui est en dessous de la surface des eaux reste invisible comme l'est l'Inconscient. La psyché ainsi illustrée : notre Conscient ne serait que cette petite partie émergée de la masse psychique et l'Inconscient la zone sous le niveau de la mer, la mère, là où tout a commencé. Quant au Préconscient il est cette zone d'échanges thermodynamiques entre les eaux d'en bas et les eaux d'en haut, les reliant par ses turbulences. Il y a là source à modestie pour un « Moi » trop souvent hypertrophié.
Pour Freud l'Inconscient reste le lieu des représentations enfouies, là où mot, son et image sont indifférenciés.
Ces représentants et ces représentations sont nommés avec Lacan, signifiants et signifiés, elles sont ici en vrac.

Mais les représentations de mots pris dans leur sens plus matériel de traces acoustiques (signifiants) se différencient des signifiés dans le Préconscient.
Ainsi dans les rêves dont la racine loge dans le Préconscient, le langage du rêve est-il une régression topique vers l'Inconscient dans des scénarii fait d'images signifiantes limitées au Préconscient.
Mais notre Inconscient ne fait pas de différences, entre l'image signifiante le mot comme signifiant et la signification de notre dictionnaire.
De plus ici il n'y a pas là de notion de temporalité, pas plus que de bien ni de mal, de oui comme de non. C'est un monde étrange que nous évoquons là, étranger à notre logique et nos habitudes conscientes, c'est le lieu où se réfugient les impressions les représentations des évènements non symbolisés depuis le début de la vie de bébé , l'infans pré-langagier.
Les pensées issues de l'Inconscient ne peuvent remonter jusqu'au Conscient qu'en liant les représentations de choses avec leurs représentations en mots, c'est ça le passage au « symbolique » c'est-à-dire au langage. En l'absence de cette organisation structurale elles restent à la dérive, enfouies ou envahissantes : c'est la psychose.
Le Préconscient est donc un véritable ectoderme psychique, lieu des traces acoustiques de mots de métaphores de métonymies, c'est le « processus secondaire » de Freud. Il se situe dans notre iceberg au lieu des turbulences thermodynamiques entre les eaux d'en bas et celles d'en haut.
Si l'Inconscient est pur sens, le Préconscient est un filtre où signifiants et signifiés sont enfin liés. Quant au Conscient son utilisation est modulée par une censure : le surmoi ou « sur-Je » avatar autoritaire de l'éducation (discours du maitre) des parents, de la culture subie

progressivement depuis l'*infans* via l'enfant puis l'adolescent et l'adulte.
« Tout ne peut pas se dire » et « le mot tue la chose », c'est ainsi que Lacan enseigna dans sa relecture de Freud.

*

1

Freud et les êtres parlants

Sur le sentier des signifiants

Si épeler le nom de Freud c'est prendre une par une les lettres de son patronyme et pouvoir imaginer en faire naître les cinq premières lettres d'un glossaire, chacune évoquera et éclairera son œuvre à nos yeux d'un regard toujours nouveau.

F comme faim, fantasme, femme, frère…
R comme réalité, refoulement, religion, rêves, rites …
E comme écoute, emprise, enfant, éros …
U comme unaire, union, unique, uniformité…
D comme défense, délire, destin, dualisme…etc.

Si nous sommes déterminés par des signifiants, toute l'œuvre de Freud s'en origine aussi et ne s'arrête pas, depuis sa mort, ses successeurs et prosélytes ont ajouté d'autres signifiants à son œuvre, déroulement sans fin dont une liste non exhaustive issue de notre subjectivité introduit ici notre façon de le rejoindre.

Mais les définitions suivantes ne sont pas des définitions, simples illusions d'un savoir transmis métabolisé puis régurgité au travers du tamis subjectif de l'auteur. Tout discours n'est-il pas à l'insu du sujet, le discours de l'Ⱥutre, disait Lacan.

*

AGALMATIQUE : brillance, objet brillant, fascinant, soit une chose ou un être provoquant cette impression.
J. Lacan, dans le Séminaire *Le Transfert,* (Paris, Le Seuil 1960-61, p.169) définit le mot agalma.
« *Le mot désigne aussi la statuette d'un dieu, et même plutôt ce qui est caché à l'intérieur - Je vous donne la clé de la question en vous disant que c'est la fonction-fétiche de l'objet qui est toujours accentuée. Il s'agit du sens brillant, du sens galant, car ce mot vient de gal, éclat en vieux français. En un mot de quoi s'agit-il ? Sinon de ce dont nous, analystes, avons découvert la fonction sous le nom de l'objet partiel* ».

*

ARCHETYPE : terme utilisé en philosophie et en littérature, introduit dans la théorie de la Psychologie des profondeurs, psychanalyse de Carl Gustav Jung. Il s'agit pour cet auteur et pour les jungiens en général de racines qui préexistent et organisent toute la vie psychique, représentationnelle du sujet de manière trans-générationnelle comme une part instinctuelle du processus de représentation. Les archétypes sont ainsi des invariants universels qui participent à un inconscient collectif. « Les archétypes sont les formes instinctives de représentation mentale ». C. G. Jung.

*

L'AUTRE : que J. Lacan écrit avec un grand A, il ne s'agit pas d'un être extérieur à soi mais d'un lieu. L'usage qu'il en fit le situa au-delà du partenaire spéculaire, l'autre (avec un petit a), c'est ce qui détermine le sujet : $\cancel{S}$ujet signifiant sa dépendance à l'Inconscient antérieurement et extérieurement à lui-même. Au-delà des identifications imaginaires, tout sujet est pris dans un ordre dont il dépend même quant il croit le maîtriser, cet ordre c'est l'Autre qui va devenir l'équivalent de son Inconscient. Si tout sujet est S̸ujet de son inconscient c'est à partir de l'Autre qu'il parle et qu'il désire. Notre mère fut ce premier Autre à partir de quoi on s'est construit. Ainsi le désir de l'Autre lui est-il *extime* (néologisme métaphorique). On discerne l'Autre du langage, l'Autre du désir, l'Autre de la jouissance. Freud démontra que toute libido est d'ordre phallique Lacan ajouta que du côté « femme », c'est-à-dire du côté de cette sexuation se situe une jouissance pas toute phallique qu'il nomma « jouissance Autre ». Ainsi l'Autre n'est pas étranger mais l'axe-fondamental à partir de quoi s'ordonne la vie psychique d'un S̸ujet : comme un lieu d'où insiste un discours articulé dont le registre noue Symbolique Imaginaire et Réel. Avec l'écriture (A̸) on signifie qu'on est soumis au manque, évocation de la castration symbolique, l'Autre non barré n'existant pas.

L'autre : c'est l'image spéculaire perçue de tout alter ego. L'autre est celui qu'on voit dans la rue c'est un humain de rencontre. C'est aussi la perception imaginaire de nos projections ce n'est qu'une image dans tous les sens du terme et son registre est celui de l'Imaginaire.

*

CASTRATION : processus imaginaire ou (et) symbolique considéré comme organisateur de la vie psychique par Freud. Ce terme est associé à celui de complexe au sens de production psychique. L'origine de ce complexe prend naissance dans l'énigme très tôt perçue que constitue pour l'enfant la différence des sexes (présence ou absence d'un organe visible). Ce fantasme de castration tente donc d'apporter une réponse à l'absence de l'organe du garçon chez la fille : « si la fille est dépourvue de pénis c'est qu'on le lui aura supprimé ». Les effets de ce complexe sont différents : angoisse pour le garçon, préjudice pour la fille. L'angoisse du garçon prend sa source dans l'activité masturbatoire, le désir incestueux que celui-ci nourrit pour sa mère devant l'interdit promulgué par le père à qui elle appartient. Cette angoisse fait donc référence à la notion de menace de perte d'objet. La fille cherchera dans un premier temps à nier puis à compenser par un désir de réparation cette absence. Le préjudice de la fille naît de sa perception de l'absence de pénis d'où l'envie de cet objet (description freudienne). Avec la théorie lacanienne on considère que le simple fait de parler conduit le sujet vers l'expérience du manque, que « tout ne peut pas se dire » devient un équivalent de la castration symbolique.

*

CATHARSIS : méthode cathartique, effets cathartiques. Terme chez Aristote exprimant la purgation des passions par le biais de la tragédie. Ici le spectateur se libérait de ses passions, se purifiait de ses sentiments inavouables en vivant par identification les personnages des Tragédies. Notons qu'à cette époque les acteurs étaient munis de masques cachant leur visage pour mieux symboliser le personnage incarné et se protéger du danger de spectateurs excités (tout en ayant un effet de porte-voix). Ce terme reprit par la psychanalyse devint une méthode thérapeutique à effet de décharge des affects pathogènes. La cure analytique permet au sujet d'évoquer et même de revivre les évènements traumatiques auxquels ses affects sont liés et d'abréagir ceux-ci, mais dans la catharsis l'effet de cette purgation est instantané la prise de conscience fulgurante. Historiquement la *méthode cathartique* appartient à la période (1880-1895) où la thérapie psychanalytique se dégageait progressivement des traitements opérés sous hypnose.

*

CHOSE (LA) : ou *Das ding* chez Freud dans *l'Esquisse d'une psychologie scientifique,* 1895 (S. Hommel, J. Le Troquer, A. Liégeon, F. Samson, Paris Eres, 2011). Dans *Entwurf einer Psychologie* Freud désigne la partie de l'appareil neuropsychique commune à la fois à la configuration de neurones investie par le souvenir de « l'objet Mère » dans ce qu'elle à de plus archaïque et la configuration investie par une perception actuelle de cet objet. Assimilé à l'objet de satisfaction primordiale (avant le premier Autre ?) à jamais perdu, *Mère-sein-infans* fusionnel. Vécu comme Réel (Cf.Lacan) par l'*infans* au-delà de toutes représentations qu'il peut en avoir ultérieurement, Lacan logera dans ce vide de la *Chose* son objet (**a**), venant ainsi tendre le leurre du fantasme comme soutien du désir.

*

COÏT : du latin coïtus qui veut dire réunion, c'est plus particulièrement le cri de la femme-mère dont l'orgasme ferait sortir l'*infans* de l'indifférencié en le forçant à prendre effet de sa naissance psychique dans l'exclusion définitive du continuum initial. Ce cri surgissant sur fond de silence marquerait aussi l'apparition d'une imago féminine clivée de celle de la mère. Cette étrangère qui n'est plus qu'un corps traversé par la pulsion, qui n'est plus que son cri est pourtant sa mère. Tel peut être l'effet d'une « scène primitive » sur l'*infans ;* hors de ses fantasmes interprétatifs ultérieurs dans ce qu'il croit avoir perçu (devenu enfant puis adulte). Plus tard il pourra découvrir qu'*il n'y a pas de rapport sexuel* mais seulement des rapports entre des êtres sexués, selon l'enseignement de Lacan (*Séminaire XI, 1964*, Paris Le Seuil, 1973.

COÏT a tergo : Position sexuelle où les partenaires ne se font pas face, position propre aux primates en général, d'où la différenciation avec l'homo-érectus. Ni l'un ni l'autre ne voit le sexe de l'autre.

*

COMPLEXE d'Œdipe : stade de développement de l'enfant qui tire son nom du mythe grec visité par Freud. Moment où le garçon entre en rivalité avec le parent de même sexe, alors que dans le même temps, il nourrit une attirance pour le parent de sexe opposé. Cela marque l'entrée du sujet dans la génitalité et constituera le socle fantasmatique de ses relations intersubjectives tout au long de sa vie, puis les racines de sa vie amoureuse adulte. Ce mythème présente une différence chez la fille où le père devenant objet de son désir, elle s'opposera à sa mère qui devient une rivale. C'est sans doute les interrogations sur la différence des sexes et le sentiment d'être exclu d'une complicité entre ses deux parents qui font entrer l'enfant dans les préoccupations œdipiennes. En revanche, le renoncement au projet œdipien et la résolution de ce complexe s'organisent autour de l'intégration d'un interdit qui contraint l'enfant à différer son désir, puis ses désirs : c'est l'avènement de « l'instance interdictrice surmoïque », comme « sur-Je » puis de l'identification au parent de même sexe.

*

DIALECTIQUE : la dialectique est un mode de pensée qui permet d'accéder à la connaissance, une méthode de raisonnement et de questionnement qui a pris différentes formes dans l'Histoire. Chez Platon la dialectique prenait la forme d'un dialogue et d'une discussion : la maïeutique de Socrate. Pour Hegel la connaissance passe par un moment de négation : on se définit aussi et peut être surtout par ce que l'on n'est pas.

*

DISCOURS DU MAITRE : dans la théorie de l'organisation de la communication langagière, spécifiquement du rapport du sujet aux signifiants et à l'objet, déterminants pour chacun et qui règlent les formes du lien social Lacan formalisa quatre discours : le *Discours du Maître,* le *Discours Universitaire,* le *Discours de l'Hystérique* et le *Discours du Psychanalyste.* Chacun de ces discours produit un humain dépendant du langage dans un cadre de discours qui le façonne comme Sujet. Dans le discours dit du maître, Lacan insiste sur la façon dont le Sujet se soumet à l'énonciation d'un commandement et son attachement à tel *maître-mot* (sur-Je).
Ce discours est très proche du discours universitaire, où le maître c'est le savoir. (*Les quatre discours, 1969,* in *L'envers de la Psychanalyse,* Paris Le Seuil, 1991).

*

ÉTAT LIMITE : organisation de la personnalité qui ne relève à priori ni de la névrose, ni de la psychose. Cette classification ne fut pas utilisée par Freud ni par Lacan. Avec Jean Bergeret ce type de personnalité est décrit comme extrêmement vulnérable sur le plan narcissique, d'une grande dépendance à l'objet et dont la symptomatologie s'inscrit le plus souvent dans l'agir : addiction, troubles alimentaires, automutilations, conduites psychopathiques, à risque, intolérance à la frustration. Relations d'objet de type anaclitique et ses angoisses sont perçues de types abandonniques. Lacan insista sur la nécessité de discerner via les « processus élémentaires » la signature de la psychose et de bien différencier cet état de celui des névroses rejetant toute classification intermédiaire.

*

FADING DU SUJET : si le Sujet n'est pas cause du langage, mais causé par lui depuis son Inconscient. Il ne figure dans son propre discours qu'au prix d'y disparaitre pour s'y trouver représenté en l'espèce par un substitut symbolique. Ainsi, l'effet du langage fait exister le Sujet mais peut aussi le faire disparaître dans l'authenticité de son être Réel. C'est ce qu'on voit dans la clinique des psychoses où parfois le discours d'un patient s'arrête, phénomène de fading bien connu dans la schizophrénie. Lacan désigne cette éclipse *fading du sujet*. Ceci tend à démontrer que le sujet ne s'appréhende à travers le langage que par une représentation qui l'aliène en le dissimulant à lui-même.

*

FAUX-SELF : le self renvoie au Soi, c'est surtout Donald Wood Winnicott qui a parlé des distorsions du Moi entre un vrai et un faux-self dans *Processus de maturation de l'enfant*. C'est une instance qui constitue une sorte de personnalité d'emprunt qui s'est construite face à des situations plus ou moins difficiles et qui constitue une tentative d'adaptation du Moi (conscient) aux exigences de l'environnement et une protection du vrai self (moi en anglais). « Le faux-self a une fonction positive très importante : dissimuler le vrai «self», ce qu'il fait en se soumettant aux exigences de l'environnement ». D. W. W.

*

IDEAL DU MOI & MOI IDEAL : il s'agit de deux parties de l'appareil psychique qui se constituent au cours du développement de l'enfant. Les satisfactions répétées des besoins vitaux procurent à l'enfant un sentiment de continuité, ce sentiment permet la constitution d'un premier Moi que l'on nomme *Moi Idéal*. À ce stade le *Moi Idéal* est une illusion de toute puissance forgé sur le modèle du narcissisme infantile. Plus tard l'enfant s'identifiera à ses parents, ceux-ci représentant le modèle idéal que l'enfant va tenter de rejoindre, nommé *Idéal du Moi*. Il remplace alors le *Moi Idéal* sans le faire disparaître. La présence de ces deux représentations au sein de la conscience moique crée un conflit entre ce que le *Moi Idéal* désire, exige et ce que *l'Idéal du Moi* autorise, celui-ci étant le représentant du *Surmoi* parental (sur-Je). L'*Idéal du Moi* se compose de deux parties : idéal dans la partie consciente et *Surmoi* dans sa partie inconsciente. Le conflit entre ces deux parties du psychisme se résout par le renoncement à la satisfaction immédiate du *Moi Idéal*. Ce renoncement est accepté grâce à l'idée du report dans un temps futur de la satisfaction autorisée par *l'Idéal du Moi,* effets de la castration symbolique.

*

IDENTIFICATION : processus échappant à la conscience par lequel une partie de la personnalité se constitue en fonction d'un modèle auquel elle prélève certains traits, processus psychique par lequel un sujet assimile un de ceux-ci, une propriété et se transforme totalement ou partiellement sur ce modèle. Ainsi la personnalité d'un sujet se constitue et se différencie par une série d'identifications. Les identifications primaires dites narcissiques, sont des identifications totales du Moi à ses objets constituant un mode primitif de construction du sujet. Cela correspond aux premiers liens affectifs de l'enfant qui se trouve encore dans un état de relative indifférenciation. Début de la relation d'objet liée au stade oral cannibalique suivant le processus d'incorporation puisqu'elles s'effectuent sur le modèle de l'ingestion des aliments. C'est absorber l'objet afin d'être cet objet. Les identifications secondaires ou œdipiennes, identification hystérique, identification à son agresseur comme le syndrome de Stockholm, sont des identifications partielles (une partie ou un trait caractéristique de l'objet est introjecté) renvoient au plan libidinal en tout ou partie à une problématique œdipienne. Ici il s'agit cette fois d'être pour avoir : pour posséder ce que possède le père ou la mère il faut être comme lui ou comme elle.

*

IMAGE DU CORPS : Françoise Dolto désigna l'Image du corps comme « la représentation inconsciente du corps, distincte du *Schéma Corporel* qui serait sa représentation consciente ou préconsciente » (E. Roudinesco, Paris, Plon 1997). « L'Image du corps relève du registre symbolique imaginaire. Elle est un processus symbolique de représentation d'une limite qui a fonction d'image stabilisatrice et d'enveloppe protectrice. Le schéma corporel relève quant à lui du registre sensori-moteur et correspond aux diverses projections corticales de cette sensorialité » (D. Marcelli, A. Braconnier, *Adolescence et psychopathologie,* Masson, Paris, 2007). Ceci est à rapprocher de la théorie du *Moi-peau*. (Cf. *Moi-peau*)

IMAGO : terme utilisé pour parler d'image intériorisée des objets de la réalité extérieure prise dans les arcanes fantasmatiques de la vie psychique du sujet. Ainsi on parlera d'Imago maternelle, d'Imago paternelle...etc.

*

IMAGINAIRE : tout premier stade de perception en images chez l'humain, représentations mentales visuelles. Registre qui fonctionne dès que notre système nerveux central est prêt à s'imprégner des évènements extérieurs depuis nos cinq sens. Ceci précisé que s'est-il passé avec ce petit -homme après sa sortie du cocon utérin ?
Au début c'est pense-t-on, comme si le bébé restait attaché à sa mère par le sein, le cordon ombilical étant coupé, c'est-à-dire *un bébé-sein-mère* comme ensemble indissocié. Ce qui donnera lieu ultérieurement à l'usage du terme *Das ding,* la Chose maternelle pour évoquer de façon allusive cette époque, survivance imaginarisée d'une relation unique vécue dans un bain de Réel (mythe du *Paradis perdu*). Freud perçoit qu'entre la première tétée, évènement inaugural de la relation et la deuxième tétée il n'y aurait pas de besoin alimentaire mais qu'au seuil de cette deuxième tétée il y aurait eu hallucination de la première satisfaction (images, impressions, premier souvenir ?). C'est lors de ce phénomène supposé qu'on situe la naissance de son imaginaire. Les répétitions ultérieures, avec la troisième tétée et les suivantes à but de nourrissage. Cette quête du sein (alias biberon) à partir du souvenir de la première relation signe l'entrée dans le monde extérieur par rapport au monde utérin déjà perdu. Cet infans aborde alors le domaine des humains dans un retournement de doigt de gant passant de, *maman-la-chose,* à notre monde qui l'entoure. À ce stade, Conscient et Inconscient sont encore indifférenciés, ces lieux si on

peut le dire ainsi, sont en pleine construction. Avec tous ceux qui se penchent sur la psychogenèse de l'enfant, Lacan nous apporta quelques compléments sur l'ordonnancement qui s'y produit : cette organisation intrapsychique se stabiliserait en général vers vingt-quatre à trente mois par un stade celui du miroir, durant lequel cet infans passant par diverses constatations devient l'enfant avec son accès à la parole symbolique.
Il progresserait donc ainsi :

a- Au début phénomène anaclitique ; il se voit dans le miroir comme les petits chimpanzés d'un certain Duhamel élevés avec ses deux fils. Ici moi et l'autre spéculaire c'est pareil, l'identification est totale ; lui c'est moi et moi c'est lui réciproquement, on va même jusqu'à chercher derrière le miroir qui s'y cache.

b- Puis par rapport à moi et à l'autre spéculaire vu dans le miroir, je perçois une image qui me ressemble, mais est-ce moi cet autre l'un de ces deux ? Je, soupçonne alors une différence entre ce que je ressens être et ce que je vois.
À ce moment commence une différenciation jubilatoire qui fait équivoque, comme une nomination.

c- Enfin c'est la différenciation définitive et affirmée de l'image de soi (du $Sujet en devenir). Moi c'est moi, en se touchant le corps et ça c'est mon image je m'y reconnais bien là. C'est l'instant où, le « Je », apparaît et où « Moi » et « Je » se différencient. Dès lors l'indicible Réel est définitivement rejeté et le petit de l'homme reste aliéné au monde, par l'imaginaire puis par la parole. Ce dernier registre sera désormais le principal moyen de communication avec autrui et le monde extérieur, mais, il l'utilisera aussi dans son univers intérieur, ses pensées parlées restant toujours confrontées à de l'indicible.

INFANS : terme crée et utilisé par Ferenczi pour désigner l'enfant d'avant son accès au langage, petit être pré-langagier. L'enfant étant le mot pour définir le bébé qui parle, qui a accès au symbolique (terme lacanien) vers environ seize à vingt mois.

*

INCONSCIENT : partie la plus profonde du psychisme constituant notre lieu de mémoire indifférenciée dans laquelle se sont accumulés pêle-mêle des souvenirs non métabolisés depuis le début de notre vie : image de notre grenier ou de la cave de chacun. C'est le lieu du refoulé dont le retour au conscient donne alors sens à ces souvenirs là. Tout cela implique que la vie psychique est en conflit, qu'il y a là de la mémoire sans usure du temps et que la forme des processus psychiques est déterminée pour l'essentiel hors conscience et que l'inaccessibilité à la conscience d'une zone de notre mémoire existe. Avec ces notions Freud transforma la psychiatrie dès 1869 et établit les bases de la psychanalyse.
Il y a comme sur notre schéma page 46 : *l'Inconscient freudien* mais aussi *l'Inconscient lacanien*. Ce qui en diffère c'est l'utilisation de la notion de signifiant, où avec Lacan il devient le *Trésors des signifiants*. Dans l'un et l'autre il n'y a ni morale, ni bien ni mal et le temps n'y existe pas, c'est un éternel présent qui s'actualise au fil de notre vie. Tout ceci ne doit pas être confondu ou amalgamé avec *l'Inconscient des philosophes* ou l'utilisation courante du mot inconscient lorsqu'on évoque ce qui échappe à la conscience dans le langage profane.

JOUISSANCE : la jouissance est indicible et se déduit de ce qui oriente le sujet dans l'existence, elle réside en une tension qui porte vers une satisfaction de la pulsion.
Dès lors elle n'est pas à confondre avec le plaisir, principe de réduction des tensions. La jouissance s'enracine dans un au-delà du principe de plaisir où Freud discerna le fondement des phénomènes de répétition (thème principal du film de Marco Ferreri, *La grande bouffe).*
La jouissance n'est pas nécessairement agréable, sa tension s'apparente davantage au déplaisir, on parle alors de « position de jouissance », expression désignant la répétition d'un symptôme révélateur de la position subjective d'un patient comme façon d'être au monde. D'autre part le droit de jouissance terme juridique notarié signifie la possession et le droit d'usage d'un objet au sens large du terme, comme au moyen âge *Le droit de cuissage* du seigneur des lieux. Depuis Lacan il désigne, si elle existait, la satisfaction complète des pulsions érotiques et de destruction. On ne peut penser cette notion que comme défaut, manquant, inexistant, c'est pourquoi Lacan la déduit comme une substance paradoxale.

*

LIBIDO : terme qui signifie : désir, envie, aspiration, il englobe un peu tout ce que Platon nommait Éros. Postulée par Freud comme énergie, substrat des transformations de la pulsion sexuelle quant à l'objet (déplacement des investissements) quant au but (sublimation par exemple), quant à la source de l'excitation sexuelle (diversité des zones érogènes).
Plus généralement la libido désigne l'appétence qui pousse le sujet vers un objet ou un partenaire, pour tenter de retrouver une satisfaction complète. La libido règle ainsi le rapport du sujet à ses objets.

La libido est considérée par Freud comme l'énergie des pulsions sexuelles qui investi d'abord le Moi et dont une partie se détachera en direction des objets mais fondamentalement, l'investissement du Moi persiste. Pour Freud c'est l'homologue quant à l'amour, de la faim quant à l'instinct de nutrition. Ceci dans le cadre de l'évolution de l'infans à l'adulte *parlêtre,* sujet ($) divisé par le langage et son Inconscient (inconscient freudien). Cette libido reste proche du désir sexuel mais non identique au génital qui n'advient qu'après maturation des gonades, cherchant sa satisfaction à quelque âge que ce soit. Située aux limites du psychique et du somatique cette libido en désigne l'aspect psychique. Par analogie la libido d'objet est une affectation à un objet externe, et la libido du moi est assimilée au narcissisme primaire. Freud a pu dire alors que « la libido d'objet diminue lorsque augmente la libido du moi et réciproquement ». (S. Freud, *Résultats, Idées, Problèmes* Vol. I, Paris PUF, 2002).
Lacan propose de concevoir la libido plus comme « un organe réel » qui a rapport avec la part de lui-même que perd l'être vivant sexué dans la sexualité.

LIBIDO NARCISSIQUE : si une partie de la libido cherche la satisfaction avec ce qui est extérieur à soi, l'autre partie investira le Moi propre (le corps qui le représente) : cet auto investissement est nommé libido narcissique.

*

MOI : partie du psychisme au sommet de la pyramide en contact avec la réalité extérieure, assimilé au Conscient. Les parties en contact avec cette zone consciente sont : le Préconscient et le Surmoi (« sur-Je », instance morale qui juge le Moi), l'Inconscient est frontalier du préconscient sans lien directe avec le Conscient. Le Moi est-donc ce lieu où la réalité extérieure rencontre la réalité intérieure faite de désirs, émotions, fantasmes (Cf. schéma du Psychisme page 54).

*

MOI-PEAU : le *Moi-Peau* est une notion intermédiaire entre la métaphore et le concept. Élaborée en 1974 par Didier Anzieu elle se base sur l'idée que tout comme la peau est l'enveloppe du corps la conscience tend à envelopper l'appareil psychique et que toute fonction psychique se développe par étayage sur une fonction corporelle dont elle transpose le fonctionnement sur le plan mental.
Avec ce concept Anzieu se détache de Freud et de Lacan, C'est l'interface entre dedans et dehors. Il lui attribut huit fonctions (*Maintenance, Contenance, Pare-excitation, Individuation de soi, Intersensorialité, Soutien de l'excitation sexuelle,* recharge libidinale du fonctionnement psychique ou *Energisation* et enfin *Inscription des traces sensorielles tactiles*).
« Par Moi-peau, je désigne une figuration dont le Moi de l'enfant se sert au cours des phases précoces de son développement pour se représenter lui-même, comme Moi contenant les contenus psychiques, à partir de son expérience de la surface du corps » (D. Anzieu, *Le Moi-Peau,* Paris, Dunod, 1995, p.61)

*

NARCISSISME : notion issue du mythe de Narcisse qui est tombé amoureux d'une image dans un miroir d'eau, c'était la sienne. Désigne l'amour que l'on porte à soi-même, qui vise le sentiment de complétude sans passer par un alter. Présent dès les premiers contacts avec la réalité c'est au dépend d'elle également qu'il se forme. Le narcissisme peut être alors représenté comme limite interne que se donne le psychisme afin de constituer une frontière avec la réalité extérieure. « Aimes ton prochain comme toi-même » est une proposition insurmontable, reste à méditer sur cette métaphore.

*

NOM DU PERE : métaphore pour désigner la place symbolique attribuée à un humain nommé par la mère pour élever ses enfants et être médiateur entre elle, eux et la société où règne la Loi. C'est le désir de la mère qui le fait Père, celui-ci doit accepter cette place symbolique qui médiatise les effets archaïques de sa jouissance (il est un régulateur de jouissance). Si dans l'antique loi romaine seule la mère désignait le père de son enfant, avec la psychanalyse cette place est indépendante de celle du géniteur. Dans des cultures africaines c'est l'oncle maternel qui tient cette place. Selon les cultures patrilinéaires ou matrilinéaires la place réelle change, mais le géniteur n'a aucun droit dans l'affaire. (Cf. l'ordre familial).

*

OBJET : en psychanalyse, ce terme désigne ce qui peut satisfaire la pulsion. L'objet peut être interne au sujet (objet fantasmatique), où externe (personne de l'environnement, objet de la réalité).
Lacan développa ce thème dans son Séminaire de 1956-57 sur « La relation d'objet » (J. Lacan, *Séminaire IV*, Paris, Le Seuil, 1994).

OBJET PARTIEL : objet visé par les pulsions partielles sans que cela implique qu'une personne dans son ensemble soit prise comme objet de désir. Il s'agit principalement de parties du corps objectivées ou fantasmées et de leur équivalent symbolique : pénis, fèces, regard… etc. C'est progressivement au cours de son développement que l'enfant va parvenir à réunir ses différents objets partiels et se constituer un objet unifié et total intrapsychique, auquel participe le stade du miroir (le Moi-corps).

OBJET (**a**) : objet selon Lacan qui est cause du désir. Ce n'est pas pour autant un objet du monde, il n'est pas représentable mais peut être identifié sous forme d'éclats partiels du corps au nombre de quatre : le sein, objet de la succion, les fèces objet de l'excrétion, la voix et le regard objet du spéculaire. (*Demain la psychanalyse* de M. Silvestre, Navarin 1987, p 281-283). (Lacan, *Séminaire XI,* 1964, in *Les quatre concepts fondamentaux de la Psychanalyse,* Paris, Le Seuil, 1973). Cet objet (a) se crée dans un espace, ou marge que la demande langagière ouvre au-delà du besoin qui la motive. D.W. Winnicott définit son l'objet transitionnel, comme créant un champ d'illusion ni intérieur ni extérieur au sujet, mais différent de l'objet (a), quoiqu'il n'est pas La Chose il tente de venir à sa place. Cet objet de substitution c'est le "chichi" des enfants, c'est aussi la bobine du Fort-da.
La vraie fin de l'analyse pour Lacan est au delà du Roc de la castration de Freud, c'est de prendre en compte ce qui est de l'ordre de l'inconciliable, c'est-à-dire la cause de son désir, l'objet (a). La « traversée du fantasme ».

*

ORDRE FAMILIAL : l'ordre familial ne fait que traduire que, le Père n'est pas le géniteur et que la Mère reste à

contaminer la femme ultérieurement pour le petit homme. Le stade œdipien, mythe princeps instaure pour l'être parlant tout à la fois la Loi qui interdit l'inceste (Loi de Manu loi de la culture indo-européenne, et universelle) et son corrélat mis en valeur par Lacan dès le début de son enseignement avec l'accès aux lois de la parole et du langage.
En ce sens l'œdipe n'est rien d'autre, que ce que Freud nommait « la réalité psychique », fonction œuvrant à réguler pour le sujet son accès à « sa réalité », constructions Imaginaires et Symboliques lui permettant de se protéger d'un Réel incontournable et indicible, et de le supporter pour établir du lien social. Dans ce processus, le père est tour à tour, privateur frustrateur castrateur, avant qu'advienne à la fin du stade œdipien, l'identification du petit homme, à un trait de ce père.

1° Le Père dans son mode *privateur* semble dire :
-*« Tu ne peux faire de cet enfant l'objet phallique que tu désires car il te manque »* dit le père à la mère, tu dois le chercher ailleurs, *« je suis là pour y pourvoir »*. Ici le manque est Réel et l'objet de la privation est Symbolique.

2° Le Père dans son mode *frustrateur*.
Le père interdit à l'enfant l'objet Réel qu'est sa mère c'est « l'interdit de l'inceste ». Ici le manque est un dommage Imaginaire, mais l'objet de la frustration est Réel. Le domaine de la frustration et celui de la revendication à quoi aucune satisfaction ne peut et ne pourra être apporté. Ce qui en fait un moment crucial, si important dans l'évolution de l'enfant vers sa maturité et sa vie sociale.

3° Le Père dans son mode *castrateur*.
Pour avoir le phallus il faut d'abord qu'il ait été posé qu'on ne peut pas « être le phallus », ce manque à être est essentiel dans l'assomption d'avoir le phallus : *« To be or not to be »* (Shakespeare, *Hamlet*).
Ici le manque est Symbolique et la jouissance est limitée dans la mesure où elle renvoie à l'interdit, référence par excellence mais dont l'objet est Imaginaire. C'est ainsi que l'enfant ressent le manque d'objet phallique qu'il fut pour un temps auprès de sa mère, au début de vie, sur les modes suivants : Privation, Frustration et Castration.
Au déclin du processus œdipien le Père n'est plus un rival pour le garçon, mais un modèle, il se situe alors à l'unique place qui peut être la sienne celle du désir de la Mère. Le trio idéal « Papa Maman et Moi ».
Être adulte ça commence par reconnaître le manque dans l'Autre (Ⱥ) comme quelque chose d'impossible à combler, l'enfant alors acceptera le manque dans le procès de son propre désir. Il abandonnera ainsi sa place d'objet du désir de « l'Autre maternel » qui fut la sienne au bénéfice de celui de sujet désirant, où il rapportera à lui des objets élus comme substitutifs du désir inconscient, c'est la métonymie de l'objet perdu. Le petit garçon s'identifiera alors à un trait du père et la petite fille par amour pour son père s'identifiera au rôle de sa mère pour un jour avoir comme « un enfant du père », avec un substitut de celui-ci c'est-à-dire un garçon élu de son choix.
Sans que ni les uns ni les autres soient conscients de ces cheminements obscurs qui les ont portés à leur maturité, à faire ces choix de partenaires...etc.

*

Parletre : l'humain parle à lui-même et aux autres, d'où le néologisme de Lacan pour exprimer que l'humain est un être particulièrement assujetti à la parole et aux désirs. « Le Symbolique sert au *parlêtre* en ce qu'il tamponne le Réel ». L'homme est un *parlêtre* car c'est le fondement du discours : rapport spécifique du sujet aux signifiants et à l'objet, ce qui est déterminants pour l'individu et qui règle les formes du lien social.

*

PAS-TOUT : déterminant de la femme, via le phallus qui souligne la fonction symbolique remplie par le pénis chez le garçon. Le phallus reste une abstraction signifiante et le pénis un organe qui le symbolise dans sa réalité anatomique. La castration symbolique exprime ce manque chez le garçon comme chez la fille, mais chez cette dernière on ne peut la priver de ce qui semble lui manquer. Aussi le garçon vivra cette castration symbolique comme n'étant plus le phallus maternel qu'il fut pour elle durant sa gestation, c'est la fin de la période d'omnipotence de l'enfant, mais la petite fille ne vivra que partiellement ce même phénomène de castration symbolique, et pour cause. C'est ce qui a fait dire à Lacan qu'elle n'est « pas toute castrée » (Cf. sexuation).
La notion de phallus, renvoie donc à l'objet manquant (pur signifiant), ce qu'on n'a pas et qu'on veut posséder. Le phallus alimente le désir qui lui-même est généré par le manque : c'est du manque que naît le désir. Dans les pathologies psychotiques on constate le ratage de la phase œdipienne, là le manque, vient à manquer.

*

PHALLUS : la société humaine fonctionne au désir et non à l'instinct, ce fonctionnement est une conséquence du rapport du sujet au langage. En psychanalyse ce terme souligne la fonction symbolique remplie par le pénis dans la dialectique intra et intersubjective, le phallus est un signifiant et le pénis n'en est que le symbole ou l'allégorie. Le mot de pénis est plutôt réservé pour désigner l'organe dans sa réalité anatomique. La notion de phallus est toujours rapportée à ce qui manque ou peut manquer : complexe de castration, ce qu'on n'a pas et qu'on veut posséder. Pour Lacan le phallus n'est qu'un signifiant, il alimente le désir qui lui-même est généré par le manque. (Lacan, *Ecrits & Séminaire XX*, Paris, Le Seuil, 1975). Dans la dernière partie de son œuvre il le situe comme *ex-sistence,* écart entre le rond du Réel et celui du Symbolique dans le nœud Borroméen soit à la limite de la jouissance phallique qui au bord de l'objet (**a**) s'articulant à la jouissance.

POINT DE CAPITON : image qui vient du capitonnage, du matelassage. Dans un effet de réel il pour but de stopper la dérive, le dévidement infini. Par métaphore, l'effet de la castration symbolique relativise le discours du sujet et en cela capitonne la dérive infinie des signifiants, comme la logorrhée le montre ainsi que les crises maniaques. Chez Lacan c'est le crochetage de la chaîne du discours de l'Autre maternel qui vient croiser les manifestations du besoin issues de l'organisme de l'infans. Point de rencontre entre signifiant et signifié.

*

PRINCIPE DE PLAISIR : phénomène de décharge des excitations internes lorsque celles-ci sont devenues trop importantes pour ne provoquer que du déplaisir. Seule compte alors la satisfaction au détriment de la réalité et donc de ce qui peut limiter cette décharge. Le principe de réalité ne peut être séparé de la pulsion de mort, où chez Freud seul le principe de réalité tamponne cette dérive finale. (Freud, *Formulations sur les deux principes du fonctionnement psychique*, 1911. *La perte de la réalité dans la névrose et la psychose*, 1924). La pulsion de mort dans le film de M. Ferreri *La Grande bouffe* démontre les limites du plaisir sans borne, la jouissance mortifère.

*

PRINCIPE DE REALITE : ce principe vient rencontrer le principe de plaisir en ajournant la satisfaction, mais la réalité a ses contraintes reconnues par le Moi qui imposent alors un renoncement à la décharge pulsionnelle. Ce principe peut être également vu comme le principe civilisateur du psychisme.
L'attente de la satisfaction devient ainsi la source où prend forme le fantasme qui permettra au principe de plaisir de se satisfaire à travers lui.
PROCESSUS PRIMAIRE / PROCESSUS SECONDAIRE : (S. Freud, *D'une psychologie scientifique* in *Lettres à Wilhelm Fliess 1887-1904*, Paris, PUF, 2006). Freud a décrit deux niveaux de fonctionnement psychique. Les processus primaires qui sont inconscients et cherchent la satisfaction immédiate par des voies directes et par décharge de la tension pulsionnelle. L'énergie psychique y est libre. Les processus secondaires, quant à eux, sont conscients et soumis au principe de réalité. L'énergie est donc liée et la satisfaction va chercher des voies moins directes et plus acceptables au regard des exigences posées par le principe de réalité. Lacan souligne que dans le premier il n'y a que des signifiants et c'est dans le second qu'apparaissent les significations et leurs contraintes au niveau du moi.

*

PROJECTION : dans le sens proprement psychanalytique c'est l'opération par laquelle le sujet expulse de soi et localise dans l'autre, personne ou chose, des qualités, des sentiments, des désirs, voire des « objets » qu'il méconnait ou refuse en lui. Il s'agit là d'une défense d'origine très archaïque et qu'on retrouve à l'œuvre particulièrement dans la paranoïa mais aussi dans des modes de pensée « normaux » comme la superstition.

*

PSYCHANALYSE : à la fois une méthode de traitement des névroses, inventée par Freud et un moyen d'investigation des processus psychiques inconscients. Une théorie impossible à élaborer sans une règle fondamentale consistant à dire à son thérapeute analyste « toutes les pensées qui viennent à l'esprit sans tri, sans jugement et sans discrimination ».
Comme tout autre psychothérapeute le praticien psychanalyste est astreint à un cursus approfondi en psychopathologie mais ce qui le différencie surtout c'est un parcours le plus complet possible sur lui-même : sa psychanalyse personnelle dûment contrôlée par ses pairs. Sans quoi il ne peut prétendre à cette fonction, qui n'est pas un titre mais une place à tenir face à son patient *l'analysant*. En général il adhère à une école ou un institut qui lui fournit tout au long de son parcours professionnel une formation permanente.

*

PULSION : poussée ou charge énergétique, processus dynamique qui fait tendre l'organisme vers un but. Selon Freud, une pulsion a sa source dans une excitation corporelle, état de tension, son but est de supprimer l'état de tension qui règne à la source pulsionnelle, c'est dans l'objet ou grâce à lui que la pulsion peut atteindre son but. Les pulsions sont d'abord partielles au début de la vie (orales, anales) jusqu'à ce qu'elles se trouvent réunies et soumises au primat du génital au moment de la période œdipienne. (*Métapsychologie, Pulsions et destins des pulsions* 1915, Paris, Gallimard, 1968).

*

PSYCHOSOMATIQUE : la médecine psychosomatique se veut être une approche globale de la pathologie humaine. Elle étudie de ce fait les interactions entre le corps et l'esprit, dans les deux sens, et tente de les conceptualiser. Le terme renvoie de par sa double racine grecque aux deux notions ici réunies de la psyché et du soma, de l'âme et du corps, que la tradition a longtemps considérés séparément. Le psychosomaticien (souvent médecin) réfléchit sur le problème « corps-esprit », sur le lien entre les processus corporels et les processus psychiques, et fait l'hypothèse de leur « indivisible-unité ». Le postulat d'une telle unité semble pour nous moderne devoir s'imposer mais il n'en fut pas toujours ainsi. Descartes considérait le corps et l'esprit comme deux réalités différentes par nature, l'une matérielle la *res extensa,* la chose étendue dans l'espace, et l'autre immatérielle la *res cogitans,* la chose pensante et les rapports entre ces deux réalités ne pouvaient être pensés selon lui sans l'intervention d'un principe transcendant ainsi Dieu était-il ce troisième terme qui rendait les deux autres possibles. De là naquit la médecine moderne car l'excommunication religieuse étant levée pour la chirurgie et les médecins, ceux-ci depuis cette séparation avaient le droit de tailler dans le corps et les organes, l'Ame restant à la religion séparée du corps.

Comme Freud avec l'hystérie de conversion Lacan différencie les phénomènes somatiques des somatisations, cependant dans son enseignement il avancera que le phénomène psychosomatique équivaut plus à un hiéroglyphe, un cartouche marquant le corps. Il évoquera ainsi les travaux de G. Dumézil sur les holophrases pour hypothéquer des phénomènes holophrastiques ou « mot-phrase » pouvant avoir un effet sur le corps.

*

Refoulement : il semble, que ce qui est refoulé, *verdrängt,* est une mise à l'écart des pulsions dont l'accès à la conscience est refusé, rejeté. (Freud, *Le refoulement,* in *Métapsychologie,* 1915) Ce sont des représentations de choses non liées à une représentation de mots, contenus latents des rêves, actes manqués, lapsus...etc. Tout se passe comme si une mémoire inconsciente gardait d'une cause passée une prédisposition qui continue d'agir mais insuffisante pour déclencher d'elle-même un processus actuel. Il faut une deuxième cause ultérieure et homologue à la première, sorte d'allusion ou facteur métonymique pour l'activer et que ça produise un effet qu'on nomme symptôme. Ainsi peut-on avancer que le refoulé, soit du « futur antérieur ». Lorsqu'on peut faire le chemin inverse c'est-à-dire faire passer par un effet de reviviscence (cathartique) dans le conscient ce refoulé, son retour modifie le symptôme qui devient sans objet puisque sa signifiance se métabolise. Cette image est la métaphore de la thérapie psychanalytique.

*

Reel : cette notion de réel avec un grand R (terme de Lacan) est indépendante de tous sujets : le Réel s'impose et ça ne peut pas se dire c'est un point de butée que l'esprit humain ne saurait concevoir, cela ne peut pas se symboliser non plus, Freud l'avait pressenti et Lacan l'a défini comme « *ce qui ne peut pas se dire et qui revient toujours à la même place* ». Ce Réel est aujourd'hui ce qui constitue le point de visée de la Science. Ce que nous appelons réalité par contre ne serait que notre perception au travers de notre moulinette imaginaire, exprimée via l'outil symbolique du langage afin de pouvoir en communiquer aux uns et aux autres quelque chose. Ainsi suppose-t-on que la première relation du nouveau-né, avec son nouveau monde externe, le sein de sa mère, est-il de cet ordre. Au début était donc le Réel puis hallucinant son premier vécu (interprétation de l'adulte Freud), il passe au stade imaginaire, sortant d'un monde aquatique avant qu'advienne sa capacité d'accéder à la fonction *symbolico-langagière*, qui fera d'*infans* advenir un enfant, un parlêtre.

*

REGRESSION : du point de vue freudien, ce terme, qui à l'origine désigne un repli ou un mouvement vers l'arrière, symbolise le changement de fonctionnement du psychisme. Ce changement aura pour conséquence de choisir un fonctionnement antérieur au développement actuel et adaptatif du sujet. Il réinvestira un fonctionnement qui lui avait permis de se protéger d'un conflit à une époque plus précoce de sa vie. Ainsi la régression peut-être un refuge. Le maternage hospitalier conduit à une régression utilisée en thérapie institutionnelle.

*

REVES : monde des rêves, monde onirique, monde qui s'éveille lorsque le corps s'endort, alors le psychisme a accès à une zone frontière avec l'inconscient, Freud la nommait le préconscient (schéma page 46). Un rêve se présente comme un discours, du sujet à lui-même mais dans un langage différent de celui de son moi conscient.
Sa conscience n'étant qu'un organe des sens qui lui permet de percevoir les qualités psychiques (S. Freud, *Interprétation des rêves*, Paris PUF, 1980, p522). Un rêve est fait d'images, de métaphores et de métonymies, il embrouille et perturbe le conscient qui doit décrypter le message. Freud passé maître dans l'art de ces descriptions nous a laissé un ouvrage, *l'Interprétation des rêves (*Paris, PUF, 1980*)* où il décrit les différentes étapes à suivre pour les comprendre : p113 - *rêve accomplissement de désir*, p123 *-déformation dans le rêve*, p148 - *matériel et sources du rêve*, p241- *le travail du rêve*, p433 - *psychologie des processus du rêve*. Nous voyons qu'il se présente à nous comme un film, aussi pour le décrypter faut-il reconstituer le story-board qui permis au producteur de le fabriquer. Avec le thérapeute (psychanalyste) chaque plan fera l'objet d'une recherche d'association libre pour faire jaillir un éclairage signifiant à son sujet. C'est l'ensemble de ces plans dévoilés dans des éclairages issus d'associations de pensées que jaillit une sorte d'interprétation ou plutôt de signification au rêve (rébus). Ce dernier étant un discours pour le rêveur qu'il doit décrypter en conscience. Ainsi un rêve est comme un film dont le rêveur est le scénariste, le producteur, le metteur en scène, tous les acteurs et enfin l'unique spectateur.

*

R.S.I. & LE NOEUD BOROMEEN : un *noeud borroméen* est un nouage de trois ronds : a,b,c de telle façon que si on coupe

soit a, soit b, soit c, tous sont dénoués. Ce nouage au moyen d'un élément tiers ressemble au syllogisme qui se présente comme le moyen de nouer une conclusion à une majeure moyennant la mineure. Mais le syllogisme implique un ordre, la conclusion ne peut se placer avant la mineure, et la règle est celle du moyen terme qui en détermine les figures. (*Séminaire XXII : R.S.I,* 1974-75. Et *D'une question préliminaire à tout traitement possible de la psychose* in *Écrits 1966*, Paris, Le Seuil, 1971)
Le *Noeud borroméen* n'implique pas cet ordre et n'importe quel élément peut servir de moyen terme, mais il comporte une orientation.

LEVOGYRE OU DEXTROGYRE :

RSI	RIS
SIR	ISR
IRS	SRI

Lacan repère RSI représentant la religion, IRS la psychanalyse, et SIR la mathématique. D'où, une possible clinique des Nœuds-borroméens. Une telle structure tiendrait donc en théorie en se suffisant de 3 ronds noués autour du trou central, point de coinçage de l'objet a. Mais Lacan n'a pas eu le temps d'échapper à un 4ème rond celui du Nom du Père. Pourtant il découvre avec Joyce que son symptôme stabilisé, nommé *sinthome,* peut servir de substitut au rond du Nom du Père pour rendre viable le nœud pour ce sujet. Ainsi un symptôme devenu *sinthome* peut-il tenir lieu de Nom du Père.
Cas princeps : 3 ronds, (RSI, SIR, IRS, RIS, ISR)
Cas de psychose : les 3 ronds se transforment en une continuité ou nœud de trèfle.
Cas des névroses ordinaires : 3 ronds noués par un quatrième celui du Nom du Père ce qui rejoint la position de Freud.

Mais il faut que :
I (imaginaire) prime sur R (réel)
S (symbolique) surmonte I (imaginaire)
R (réel) est ni symbolisable ni imaginarisable.
Exemple : lorsque I (imaginaire) ne peut plus s'imposer au R (réel) surgit l'angoisse et si R (réel) prend le pas sur I (imaginaire) apparaît l'hallucination du double, de la bouffée délirante à la psychose.
Si S (symbolique) prime sur R (réel), I (imaginaire) n'est plus retenu, ce sont alors les états maniaques, les agitations corporelles..., plus rien n'arrête le corps de nager dans la jouissance du signifiant.

*

SEXUALITE : *Il n'y a pas de rapport sexuel,* Lacan lie cette assertion avec « il n'y a pas de métalangage » (*Écrits*, Paris, Le seuil, 1970-1971) démontrant la place du phallus dans ses formules de la sexuation. Il n'y a pas de rapport entre le signifiant homme et le signifiant femme hormis la copulation d'un homme et d'une femme physiquement constitués sous ce nom. Ce qui exclut le rapport entre homme et femme là où le biologique et les organes ne se rencontrent pas. Un homme, une femme sont ainsi des êtres humains fonction (comme on dit en mathématiques) $f(\phi)$, fonction de leur position phallique. Ainsi la sexualité axée sur l'organe n'est pas suffisante pour définir le genre homme ou le genre femme. Dans le langage populaire il est bien dit qu'il y a « des femmes qui portent la culotte », c'est de la position phallique que dépend la sexuation, le genre, le *gender*.
Sexuation, sexualité, rapports entre les sexes, copulation et le rapport sexuel sont des termes à ne pas confondre.
Lacan partant d'un universel, la fonction de la castration avec le phallus origine de cette fonction, développe la

découverte de Freud comme indice d'un manque à être chez le parlêtre. Si tous sont soumis à la castration, il y en a au moins un qui ne l'est pas (allusion à l'Urvater de Totem & tabou) ce qui constitue la classe des hommes, ou le genre homme. La femme n'entrant pas dans cet universel, une partie seule subit la castration, elle n'est donc pas toute castrée, elle a accès à une limite différente vécue hors limite pas les hommes, ainsi est le genre femme. Il y a ainsi des être biologiquement homme et dans la sexuation femme (il n'est pas question ici d'homosexualité) et réciproquement. Cet aspect a été étudié en particulier chez les mystiques, via la jouissance-Autre. Le phallus est un symbole, un signifiant, celui du désir. (Freud, *Théories sexuelles infantiles*, 1908, M. Safouan, *La psychanalyse*, Paris T. Marchaisse, 2013).

*

SIGNIFIANT : élément du discours repérable au niveau conscient et inconscient, qui représentant le sujet et le détermine. F. de Saussure dans son cours de linguistique générale, détermina le signe linguistique (ou mot), comme une entité psychique à deux faces : le signifié et le signifiant. Le signifié ou concept : par exemple le mot arbre, l'idée d'arbre mais non le référent, soit l'arbre réel. À cela il ajouta l'image acoustique du mot arbre qu'il nomme le signifiant. Ainsi signifié / signifiant sont les deux faces du signe linguistique, c'est-à-dire d'un mot.
L'inconscient a cette particularité développée par Freud dans son étude du processus primaire, qu'il ne prend en compte en mémoire que des signifiants soit la musique des mots. On en retrouve l'aspect neuropsychique dans *Contribution à la conception des aphasies* de Freud (Paris, PUF, 1983).

*

SUJET : ce mot est emprunté dès le XIIe siècle au latin *subjectus* avec la signification de soumis, assujetti. Dès cette époque, il a le sens de « qui est dans la dépendance d'une autorité supérieure » ou de « soumis à la nécessité d'une loi ». À la fin du XVIe siècle, ce mot définit un être individuel, le locuteur, l'être pensant, ou *subjectum*.
Sujet dans le contexte freudien de *Subjekt* est inséparable de la conscience et Freud ne l'a utilisé qu'en opposition avec le monde extérieur et l'objet. Le sujet freudien est le sujet de la connaissance, le « Moi-sujet » est une fonction à remplir. Dans le contexte lacanien, il devient un signifiant qu'il écrit $Sujet (car Sujet de l'inconscient) dans une définition d'insu excentré à lui-même, ainsi le sujet est-il ce dont parle « Je » quant il veut se désigner. Ce sujet est le fruit de la division entre le « Je » et le « Il ».
Le moi ici n'est pas le « Je », mais le précipité des identifications qui devient le lieu de l'illusion de la connaissance (ce peut être aussi le corps). Le $ujet de l'inconscient c'est le sujet représenté par un signifiant (S1) pour un autre signifiant (S2) et c'est dans leur écart qu'il se situe. Ainsi que c'est de l'Autre que le langage prend sens et dont le sujet est l'effet (l'Autre d'Aristote).
Le Sujet dont parle Lacan est différent de celui fondé par la métapsychologie freudienne, ce qui perturbe nos théories de la subjectivité en faisant du sujet celui de la pulsion. Avec Lacan, le sujet est étranger à lui-même, scindé entre soi et soi-même. Pour Freud, la levée du refoulement déterminait la prise de conscience. Avec le sujet lacanien c'est la possibilité qu'advienne un sens nouveau subjectivable à cet effet d'après-coup et qui constitue la réalité psychique. Ces précisions pourront espérons-nous clarifier un peu les difficultés qu'il y a à utiliser le mot « Sujet » dans des contextes parfois très différents.

STADE DU MIROIR : stade du développement de l'enfant, constitutif des prémisses de l'identité du sujet, décrit tout d'abord par Henri Wallon. Pour lui, l'enfant se sert de l'image perçue dans le miroir pour unifier son corps ou la représentation parcellaire qu'il en a jusqu'alors. Ce processus se déroule entre 6 et 12 mois. Jacques Lacan reprendra ce concept en insistant sur le rôle de la mère qui nomme l'enfant dans le miroir et participe ainsi à la construction de l'image spéculaire de l'infans qui inscrit et emprisonne le corps de ce dernier dans son désir.
« Cette image c'est la mienne » pense alors l'infans, ainsi advient le « JE » et l'aliénation du petit sujet à l'Imaginaire puis au Symbolique (la parole). De l'infans on passe à l'enfant où l'impossible à dire du Réel est repoussé et recouvert par le langage.

*

STADES, ORAL, ANAL, GENITAL : étapes du développement de l'enfant centrée sur la zone orale, anale et génitale. La première présente au début de la vie, cette zone est très investie en raison de sa fonction première : nourrir. De plus, en raison du développement corporel, cette zone se modifiera en raison de la poussée dentaire. Passer de la succion à la capacité de mordre, provoque un conflit fantasmatique par la nouvelle capacité de détruire l'objet qui nourrit, en le dévorant. La deuxième est celle du don de ses déchets, qui lui appartiennent, avant de devenir de « la merde » de l'adulte, enfin la poussée hormonale provoque la bouleversement du dernier stade. Freud, *Trois essais sur la théorie de la sexualité* (B. Reverchon, Paris, Gallimard, 1962) et *Trois essais sur la théorie sexuelle* (P. Koeppel, Paris, Gallimard, 1987).

SURMOI (traduit aussi par SUR-JE) - SURMOÏQUE : partie de l'Idéal du Moi dont le rôle est assimilable à celui d'un juge ou d'un censeur à l'égard du Moi. Freud voit dans la conscience morale l'auto observation, la formation d'idéaux, les fonctions du surmoi (Cf.discours).
Classiquement le surmoi est défini comme l'héritier du complexe d'Œdipe, il se constitue par intériorisation des exigences et des interdits parentaux. Il est aussi le côté paradoxal de la culpabilité sur le mode non pas de l'interdiction mais du commandement, de l'injonction. Le surmoi féroce décrit par Lacan dans l'expression des psychoses en 1955-56 (*Livre III, Les psychoses*, Paris, Le Seuil, 1981)

*

SYMBOLIQUE (LANGAGE HUMAIN) : nom donné au langage par Lacan via la linguistique de Ferdinand de Saussure pour le *parlêtre*, néologisme qui explicite l'homme comme être de langage. Freud nous avait exposé le processus de symbolisation avec l'exemple du *Fort-da* : soit un enfant jetant systématiquement dans un coin un jouet lorsque sa mère s'absentait avec l'exclamation d'un *Oooh*. Un peu plus tard Freud constate le même phénomène avec une bobine attachée à une ficelle au berceau. L'enfant jetait la bobine, faisant *Fort* (en allemand) à la disparition de sa mère hors de sa vue et de son ouie puis tirant sur la ficelle il faisait réapparaître la bobine dans une jubilation de *Da, da* (oui, oui) comme si sa mère réapparaissait, l'objet s'y substituant. Soupçonnant là une signifiance, il la formula comme l'expression de la pulsion d'emprise sur l'évènement, sur un manque vécu par l'enfant.
Lacan développa à la suite de Freud, la symbolisation du manque de la mère qui transforme l'angoisse de la perte

de celle-ci par une maîtrise de la situation dans un cadre ludique qui est déjà une forme de langage.
Comme langage naissant ici, c'est un mode d'emprise sur un Réel insoutenable, face à un imaginaire envahissant. La phrase de Lacan « Le mot tue la chose », où la formulation symbolique apaise, une vraie parole soulage des poids de notre background vécu autrement indicible, mélange indistinct de Réel et d'Imaginaire noués à l'intérieur de l'être. Ainsi le nouage R. -I. -S représente-t-il un topos de la perception que nous avons du monde, de notre monde à quelque névrose près.
Le Réel ici est le cercle, qui permet que l'Imaginaire et le Symbolique tiennent ensemble, c'est là ce que remarque Jean Clavreul dans *La clinique à l'épreuve de la psychanalyse* (Herrmann, 2011, p.257), où dit-il, la « psychiatrie traditionnelle cherche des réponses dans le biologique, l'organique, la génétique/.../etc. Mais pour un psychanalyste le Réel c'est du côté de la clinique qu'il faut le chercher et chercher la folie avec une boussole et un compas, il n'y a qu'un travail d'artisan pour le faire ! »

*

TRANSFERT : au « sujet supposé savoir ».
Dès 1890 Freud traita l'importance de la croyance, pour l'obtention d'une guérison, laquelle dépend pour une large part de ce qu'il nomme « le transfert » ou processus de déplacement. Le point de départ de cette idée provient qu'étant tout petit bébé puis enfant chaque être humain vécu l'expérience de considérer son plus proche parent comme omnipotent, en effet ce fut grâce à ses soins qu'il survécut à son entrée dans notre monde. Notre mère, puis notre père, furent donc investis de pouvoirs et de savoirs au début de notre vie qui constituèrent notre première référence, ainsi notre mère fut-elle notre premier Autre

(avec un A). C'est l'appel à celle-ci ou plutôt au savoir qu'elle représente dans la mémoire de l'adulte, qui développa chez Freud l'intuition d'un « transfert ». Cette représentation du savoir et de l'amour parental est reportable sur la personne du médecin ou du thérapeute, selon les besoins conscients ou inconscients du malade. C'est aussi la métaphore du déplacement d'investissements bancaires, ou boursiers d'un compte, à un autre... etc. Dix ans plus tard, Freud il pose la question : « que sont ces transferts ? » et répondit, que « ce sont des nouvelles éditions, des copies des tendances et des fantasmes qui doivent être éveillés, et rendus conscients par les progrès de l'analyse, et dont le trait caractéristique est de remplacer une personne antérieure, comme par la personne du médecin ». Autrement dit un nombre considérable d'états psychiques antérieurs revivent, non pas comme états passés mais comme rapports actuels avec la personne du thérapeute. « Il y a des transferts, qui ne diffèrent en rien de leurs modèles quant à leurs contenus à l'exception de la personne de substitution… ». « D'autres transferts sont faits avec plus d'art, ils ont subi une altération de leur contenu, une sublimation comme je dis et sont même capables de devenir conscients en s'étayant sur une particularité réelle, habilement utilisée, de la personne du médecin ou des circonstances qui l'entourent ». En 1906 il précise que « la guérison est obtenue par l'amour » et qu'il est question d'amour entre le patient et son psychanalyste.

À partir de 1912, il décrira le transfert sous ses différents aspects : « Le transfert est souvent inconscient ». « Le transfert est aussi inéluctable que l'émoi amoureux ». « Il est le plus puissant agent à la fois de la guérison et de la résistance ». « Le transfert sur la personne de l'analyste ne joue un rôle de résistance que dans la mesure où il est

transfert négatif ou bien un transfert positif composé d'éléments érotiques refoulés ».
« Dans l'amour de transfert, le narcissisme est projeté sur le médecin, le patient aime chez lui ce qui manque à son moi pour être conforme à son idéal du moi ».
Enfin en 1917 il témoigne que ce transfert est un processus inné aux relations humaines et lorsqu'elles s'inscrivent dans des rapports affectifs : « La faculté de concentrer l'énergie de la libido sur des personnes, doit être reconnue, à tout homme normal. La tendance au transfert que nous avons constaté dans les névroses/.../ ne constitue qu'une exagération extraordinaire de cette faculté générale ». Ainsi le transfert n'est pas seulement l'apanage de notre culture qui le théorise. Il y a dans la forêt de Guinée à 1000km de Conakry un village nommé Gbili où vit un tradipraticien, Ali Loua qui dit la même chose. Suite à la question qu'on lui a posée : « qu'est-ce qui guérit ? » C'est dit-il « d'abord la confiance dans le guérisseur ensuite les médicaments » et ajouta malicieusement « c'est la puissance des mots qui donne la force aux médicaments, les médicaments modernes ça rend mou ! » Ces propos ne représentent qu'un exemple, de ce qui est frappant dans les médecines traditionnelles c'est que c'est un système de représentation et de soins homogènes et cohérents. Chez les élèves de Freud, le transfert semble avoir les mêmes propriétés, mais la dérive apparaît avec les tenants de *l'ego psychology* aux USA il y a quelques décennies. Lacan clamait qu'il était avant tout freudien, mais ne doutait pas pour autant qu'après sa mort beaucoup de ses élèves seraient lacaniens. Lacan a suivi Freud avec une approche particulière, via le Banquet de Platon. Dans ce Banquet, le dialogue réunit Socrate autour de six personnages pour fêter le poète Agathon, dont on célébrait le triomphe à Athènes. On voit Socrate entouré d'Agathon et

d'Alcibiade y développer son style de discours pour exprimer à chacun sa conception de l'Amour. Alcibiade est rappelons le un chef de guerre glorieux, un politique, un homme d'une grande beauté, mais dont Socrate refuse les avances, non pour le frustrer mais pour lui faire valoir la nature que nous nommons transférentielle, de son amour pour Agathon. Ce que préfère Socrate avant tout c'est l'amour du « souverain bien », et « le désir de l'immortalité », c'est-à-dire la philosophie telle qu'on la considérait à cette époque. Lacan pointe ici Socrate en place de celui qui interprète le désir de ses disciples, place qui métaphorise celle de psychanalyste. Tenant cette place, il a le pouvoir de signifier à Alcibiade, que le véritable objet de son désir ce n'est pas lui, Socrate, mais l'agalma*. Socrate est ainsi pour Alcibiade en place de « sujet supposé savoir », place symbolique qui confère une aura particulière à leur relation. Lacan démontre ici, que le transfert est de la même étoffe que l'amour mais néanmoins artifice, puisqu'il se porte inconsciemment vers un objet qui en reflète un autre. Alcibiade croit désirer Socrate, alors qu'il désire réellement Agathon, mais la brillance du savoir de Socrate lui est agalmatique, et il se trompe d'objet. Dans cette lecture du Banquet, on peut discerner à quel point la demande d'amour d'Alcibiade adressée à Socrate est liée au savoir de celui-ci, savoir que Socrate expose brillamment, disant tout sur le désir et l'amour. Alcibiade semble penser, qu'il lui suffirait d'avouer à Socrate son désir pour qu'il lui accorde ses faveurs et devenant intime il obtienne alors de lui, tout ce son savoir. Nous voyons en quoi l'agalma, objet éminemment désirable, objet de brillance et d'amour, comme miroir aux alouettes est connecté au savoir. Là où le savoir manque pour Alcibiade Socrate est mis en place de grand Autre d'où cette position de « sujet supposé savoir » qu'il lui attribue, poussé par un élan d'amour. Quittant la lecture du Banquet nous apercevons dans des conditions similaires, que celui qui est en place de grand Autre est toujours, idéalisé, aimé, là même où il ne dit rien et ne sait rien, se comportant comme un vase vide que l'aimant remplit. Le savoir inconscient, effet miroir du sujet supposé savoir est introduit de cette manière dans le transfert : quant on aime, on suppose que l'Autre sait, cet autre aimé ne contient la merveille agalmatique que dans cette mesure. C'est pourquoi le seul fait de se mettre en position d'écoute, d'écoute prolongée d'une communication intime et suivie, d'un patient, constitue l'auditeur en place de grand Autre. Ce que Freud pratiquait avec son « écoute flottante », mais en le théorisant différemment. On peut alors dire que le transfert est la mise en acte de la réalité de l'inconscient, et préciser que c'est aussi la mise en acte d'un désir, de nature sexuelle. Ce transfert n'est plus aujourd'hui, comme chez le Freud du début une simple interférence de la relation à l'alter ego dans le champ symbolique, il devient structurellement lié à l'axe de la parole c'est-à-dire au signifiant, mais F. de Saussure est passé par là.

Dans cette relation à deux, l'accueil de la parole par l'analyste, développe un horizon au-delà de la demande de l'analysant. Le psychanalyste, l'écouteur, ayant vécu de son analyse personnelle ce qu'il en est de l'expérience du « sujet supposé savoir » ne fait pas que semblant de l'incarner il ne trompe pas l'analysant car il lui tient le miroir. Ainsi dans les cures, de névrosés, qu'on pratique une « cure-type » ou de la psychanalyse appliquée lors d'un travail suivi en institution par exemple, nous constatons que le psychanalyste lorsqu'il se tait, comme lorsqu'il parle occupe une position à partir de quoi le travail de l'analyse débute et c'est à partir de là que le transfert se connecte au savoir.

Le savoir est toujours du côté de l'analysant, mais il ne le sait pas il a besoin de cet artifice.
Il n'y a de vérité que du Sujet et lorsqu'elle s'échappe de sa bouche, il en est toujours surpris c'est le lapsus par excellence.

*

UNHEIMLICH : ou *Inquiétante étrangeté* (Freud, *Inquiétante étrangeté & autres essais*, B. Féron, Paris, Gallimard, 1985). Sensation désagréable de perte de contact avec la réalité lors d'une perception indirecte. Ce moment de perception soudain provoque une absence de reconnaissance de ce qui est perçu par le fait que le Moi était dans un état de distraction intérieur. Mais pour que cette perception soit déréalisante, il faut qu'elle ait certaine qualité comme une certaine intimité avec ce qu'elle est censée rencontrer dans le psychisme. Ainsi la perception fugace de son image dans un miroir alors que le sujet est en état de distraction peut provoquer ce sentiment d'inquiétante étrangeté que l'on peut aussi nommer familière inquiétante étrangeté. Le monde onirique, celui des rêves en fait souvent partie.

*

CE GLOSSAIRE est un lexique sans limite comme un poème de J. Prévert, il se termine par une image, une métaphore de notre « Ame » appelée dorénavant Psyché. Selon le schéma de l'iceberg page suivante.

*

Métaphore de l'iceberg "Psyché"

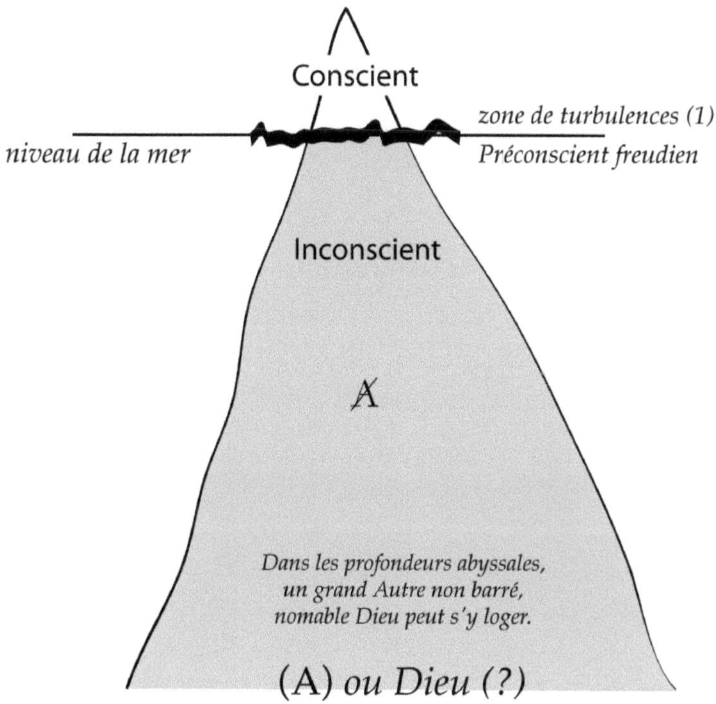

(1). *Thermodynamique : les eaux d'en bas plus chaudes (jamais en dessous de +3°C) montent à la surface où elles se refroidissent au contact des eaux glacées. Ce va-et-vient constitue la métaphore des turbulences entre Conscient et Inconscient, zone onirique.*

Freud, homme du XIXe siècle

Freud ne représente pas seulement cette révolution Copernicienne, il est un découvreur, un éternel curieux. Ainsi, s'est-il toujours discrètement passionné pour Shakespeare avec l'anglais, sa deuxième langue apprise lors de ses premiers voyages à Manchester chez Samuel son neveu. (*Lettres de famille de Freud et des Freud de Manchester. Paris, PUF,* 1996). Shakespeare inspira Freud très jeune pour la qualité de ses études de caractère et l'enseignement développé par son théâtre, tout comme le théâtre antique.

Très tôt en 1880, il avait traduit le volume XII des oeuvres complètes de John Stuart Mill éditées chez Gompez sous le titre *L'émancipation des femmes...* qui contient aussi un article de quatre-vingt pages sur Platon. (Cité par R. Kuhn dans la préface à *Contribution à la conception des aphasies* », Paris PUF p.25). Bien des années plus tard, il introduira dans son *Au-delà du principe de plaisir* certaines suggestions de Platon, rappelle E. Jones (*La vie & l'œuvre de Freud,* Vol I, Paris PUF, p.62).

C'est à 82 ans, en 1938, dans le dernier texte scientifique que nous lui connaissons, *Some élémentary lessons in psycho-analysis,* représentant la deuxième version de *L'abrégé de psychanalyse* qu'il caractérise de « dogmatique » la vision statique de la pratique analytique et qu'il lui oppose comme « dynamique » celle de génétique : *Dans mon exposé je ne me servirai d'aucune des deux méthodes de façon exclusive, mais par contre je suivrai tantôt l'une, tantôt l'autre. Je ne me dissimule pas les difficultés de ma tâche* (S. Freud, PUF, 1975). Mais des recherches plus personnelles semblent avoir étés jalousement gardées afin de n'a pas interférer avec la doxa qu'il avait laborieusement construite. Aussi le dauphin déviant que fini par être C.-G. Jung fut-il évincé du cercle des adeptes de cette jeune psychanalyse.

Néanmoins cette psychologie dynamique se décline-t-elle différemment sous d'autres cultures, changeant de nom et de sources, mais reste la référence car fondée sur ce qui est universel chez tout humain, c'est-à-dire sur un système nerveux central et une psyché avec un Conscient et un Inconscient (freudien). Il n'est que de relire sa *Contribution à la conception des aphasies*, (Paris, PUF 1983, p.31) pour en avoir la preuve et les détails. Dans la préface de cet ouvrage, R. Kuhn nous rapporte-t-il pas que dans « la fonction du langage » Goepper précisait, que l'auteur part de la représentation de mots, « représentation complexe qui s'avère composée d'éléments acoustiques, visuels et cénesthésiques ». Aujourd'hui nous pouvons repérer trois modes de discours concernant de cette psychanalyse.

1° L'enseignement universitaire, qui n'est que théorie et historique d'origine récente, la décrivant.

2° La pratique, suivant deux grands dogmes, celui des post-freudiens avec l'I.P.A. (SPP) et des réformateurs lacaniens de tous bords dont la principale représentation est l'E.C.F. En fait autant de pratiques que de praticiens.

3° Le vécu indicible, non évaluable ni quantifiable, qui reste à jamais «Une expérience humaine », une expérience de la conscience selon le modèle Hégélien.

Enfin, lorsque les médias parlent de psychanalyse ainsi que nos législateurs, nos politiciens, de quoi parlent-ils ? Nul ne le précise, souvent, nul ne le sait /.../ainsi font, font, font /.../les préjugés comme les marionnettes qu'on fait jouer devant les enfants.

***

Son premier auditoire

Tout d'abord, ne pas confondre symbolisme et le symbolique, ce dernier étant ce qui détermine le langage, terme d'usage depuis Lacan pour signifier que l'humain baigne dans un monde de langage, celui du *parlêtre*.

Le symbolisme est un système de représentations fondé sur des signes, des images, tous objets divers appelés symboles pour leur fonction représentative à exprimer une croyance en des forces (signe d'une réalité abstraite ou absente, allégorie...etc.) transmises par ceux-ci, ainsi que les traditions et leurs rites subséquents.

Dans toute initiation, il y a une part de symbolisme et une zone qui doit rester masquée qui serait de l'ordre d'un Réel. Ainsi, initier serait admettre à la connaissance d'un savoir, ou à une pratique réservée à quelques-uns, les initiés, une *scientia* pour laquelle le Sujet ne serait pas forclos ; exemple, l'alchimie par rapport à la chimie.

Un art au moyen d'épreuves plus ou moins secrètes, provenant du groupe qui en est le détenteur selon le principe d'une transmission réservée, réservée à qui, aux seuls adeptes ? On parlera aussi de parcours initiatique, à minima d'intronisation. Cette transmission rituelle, reste donc axée sur la croyance aux pouvoirs des symboles, valences mnémotechniques ou mystiques ou tout simplement au pouvoir signifiant de ceux-ci.

En général une expérience, un vécu est requis pour l'adepte à qui l'on donne accès à la rencontre avec ce savoir, c'est un apprentissage qui touche la zone d'ombre de l'être : soit le Préconscient (Pcs) ou l'Inconscient (Ics) via l'imaginaire du Sujet concerné, c'est-à-dire l'initié.

Les symboles mettent en tension le Conscient (Cs) et l'Inconscient de l'initié, via son Préconscient à la façon dont la métaphore et la métonymie agissent dans le processus cathartique et dans les rêves, selon Freud.
On connaît la force et le pouvoir des symboles, images, icônes, dans les rites religieux ainsi que dans les rêves et il en est de même dans toutes les cultures de l'humanité. La différence entre un symbole et un signifiant réside surtout dans le pouvoir octroyé par un groupe au premier alors que le signifiant n'aura de valeur que pour un seul Sujet. Freud nous a montré comment la parole dite symbolique, terminologie développée ultérieurement par la linguistique, lie la réalité extérieure à notre monde intérieur via une structure et notre histoire intime développés depuis Freud par Lacan.
D'une part, nous connaissons la puissance du transfert entre deux sujets dont l'un est en place de « sujet supposé savoir » qui va du pouvoir occulte à la simple prescription médicale à l'effet placebo, sans parler de la cure analytique dont c'est le pivot.
D'autre part dans un cadre initiatique les symboles servent de communication entre les membres, comme *shiboleth* de ladite société secrète, à l'opposé des symboles psychanalytiques, qui eux ont une signification indépendante des cadres, sociaux culturels et historiques car ils évoluent spontanément au gré du développement du Sujet malgré une base culturelle. Ainsi la polysémie du symbolisme lui confère-t-elle sa richesse mais seule la référence à un système peut donner précision au symbole d'où la nécessité de déterminer ce qui en permet une certaine régulation et de définir le système.
Le domaine de la psychanalyse risquait d'être amalgamé à l'occulte bien que préservé par Freud grâce à sa rigueur scientifique. Aussi considérait-il officiellement comme des errances, l'incursion dans ce « monde », aux risques des

peurs issues des tabous inhérents à ce qui est obscur et invisible. On n'aborde pas ce domaine-là sans risquer de « sentir le soufre ». N'a-t-on pas brûlé les livres arborant ces thèmes dès le moyen âge et même plus récemment ?
Ce fut sûrement la raison de l'extrême discrétion de Freud car la notion d'inconscient est déjà source d'inquiétude : ce qui échappe à la conscience éveille l'angoisse !
Cette question du symbolisme, a été particulièrement évoquée par Freud dès 1900 dans *L'interprétation des rêves,* (Paris PUF, 1967) où il tenta d'y développer une théorie à l'usage de la psychanalyse en interrogeant la relation entre un symptôme et un symbole.
C.- G. Jung son élève, dans *Métamorphoses et symboles de la libido* en 1917 (Deuticke, Vienne 1917 et Revue Française de psychanalyse, Paris 1935) développa la sienne. Ils semblent tous deux en déduire un mode de représentation indirect, ainsi des images ne deviendraient symboles que lorsqu'un des termes de comparaison se trouve refoulé. Le nombre des idées symbolisées, ou des images les représentant restent limités : à la naissance, à l'amour, à la mort, passant par les imagos parentales.

FREUD FRANC-MAÇON

Aussi peut-on dire que Freud s'est toujours intéressé plus ou moins discrètement au symbolisme et aux rites qui lui confèrent son efficace. Ce n'est pas une révélation non plus, que de rapporter ici la place que le fondateur de la psychanalyse a prise dans la franc-maçonnerie spéculative de son époque, avec quelques amis.
En effet, sa curiosité eut peu de limites et il n'hésita pas à dépasser les cadres dits scientifiques qui furent les siens et ceux de ses contemporains mais ceci toujours dans la dans la plus grande discrétion.

Après la mort de son père en 1896, s'opérèrent corrélativement chez lui des modifications dans son transfert avec Fliess[1]. Suite au souvenir de l'humiliation faite à ce père, il modifie son deuxième prénom Sigismund[2] en Sigmund, pour y extirper le *is* signifiant de *ische*, syllabe évoquant un mot argotique de l'époque qui faisait invective : « *youpine* » pire que le « *jüdin* » jeté jadis à la face de son père. Il découvre alors les résistances qui s'opposent au dévoilement de l'inconscient, et s'investit dans un cercle restreint où il peut être entendu, parler et tester ses travaux, c'est-à-dire des loges franc-maçonnes.
On y trouve là curieusement, la libre parole, l'art de la discussion comme dans les cercles d'études talmudiques dont il n'était pas ignorant du mécanisme pédagogique.
Le bruit courrait à cette époque que Joseph Breuer était franc-maçon, et coïncidence ou non Freud fut contacté dès l'année 1895 par Edmund Kohn, gynécologue et collaborateur de Nothnagel, puis il fut reçu dans la loge « Wien » du *B'nai B'rith* le 29 septembre 1897 (loge créée le 13 octobre 1895).
On retrouve dans le fameux *Rêve de l'injection faite à Irma* étudié par lui, des traces de cette initiation dans la relation homophonique avec des éléments de celle-ci. Ainsi Irma où Irma et Hiram font anagramme, quant à ceux qui connaissent le travail du rêve, les taches blanches dans la gorge d'Irma ne sont-elles pas sans analogie avec la peau du tablier blanc de l'apprenti ?
Avec sa sensibilité, aux signifiants et aux homophonies, et même avec son génie il ne pouvait faire une analyse objective de ce rêve, malgré la pertinence de son introspection une part d'interprétation lui échappait. Même un Freud ne peut être juge et partie, et puis un rêve n'a pas qu'une seule interprétation, il y a des glissements de sens qui échappent toujours au rêveur le plus exceptionnel.

Parmi les compagnons initiés en même temps que lui on a retenu Léopold Königstein et Oscar Rie avec qui il se réunissait déjà chaque semaine pour un tarot. C'est là, dans cette loge qu'il trouva un premier public bienveillant à qui il pût enfin exposer ses travaux sur l'inconscient et en avoir des retours. En effet, pour peu qu'il soit bien réalisé, le travail en Maçonnerie amène à une introspection approfondie et à la découverte de notre être selon la phrase célèbre de Rudyard Kipling, « si tu sais méditer, observer et connaître sans devenir sceptique ou destructeur, rêver sans laisser ton rêve être ton maître, penser sans n'être qu'un penseur... ». Si pour Freud le travail donne sens et équilibre dans une vie, il retrouva cette notion ici dans cette loge où il prononça entre 1897 et 1917, vingt et une conférences (ou *planches*), notamment sur les rêves et l'inconscient mais aussi sur Emile Zola et Anatole France.

De nombreuses citations de son allocution, des remerciements à ses frères de loge figurent dans ses *Oeuvres complètes* en français (18 volumes, PUF). Parmi les plus significatives nous avons retenu : « D'une part j'étais parvenu pour la première fois à pénétrer dans les profondeurs de la vie pulsionnelle humaine/... /d'autre part, la communication de mes découvertes déplaisantes eut pour résultat de me faire perdre la plus grande partie de mes relations humaines d'alors, je me sentais comme proscrit, évité de tous ». C'est alors qu'il exprime « dans cet esseulement s'éveilla en moi le désir d'un cercle d'hommes choisis, l'esprit élevé, qui m'accueilleraient amicalement en dépit de ma témérité, votre association me fut désignée comme le lieu où pouvaient se trouver de tels hommes ». Il ajoute que le fait que les frères soient juifs en majorité ne pouvait que répondre à son souhait, car lui-même il lui avait toujours paru non seulement indigne mais franchement insensé de dénier ses origines. C'est surtout parce qu'il est juif, qu'il se trouve libre de nombreux préjugés.

À ces amis juifs francs-maçons, il écrivait :

« *Vous avez été mon premier auditoire /.../ je suis allé chercher rafraîchissement et incitation dans le commerce avec vous /.../ que vous ayez signifié beaucoup pour moi et beaucoup fait dans les années où j'étais des vôtres / ... / Recevez donc pour autrefois comme pour aujourd'hui mes remerciements les plus chaleureux* ». (W.B. et E. in *Wohlwollen, Bruderliebe und Eintracht*) « Avec bienveillance, amour fraternel et harmonie », telle était la devise du B'Nai B'rith .

L'Ordre du B'nai B'rith[2], celui des *Fils de l'Alliance* était la plus vieille organisation juive dans le monde. Nous la retrouvons après la guerre de 1914-1918, où elle eut une grande influence suite à la disparition de l'Autriche-Hongrie et à la naissance de nouveaux états comme la Pologne où de multiples ethnies s'opposaient au cœur de l'Europe.

Suite à cette première expérience, Freud contribua activement à la création d'une seconde loge à Vienne, en compagnie de Léopold Königstein, Oscar Rie et Eduart Hitschmann, loge nommée *Eintracht*, harmonie, dans laquelle il recruta Hans Sachs et son propre frère Alexandre. Sur le plan historique ce fut probablement à Hambourg (1737) qu'avait été fondée la première grande loge de cette obédience, *Zur Eintracht*, dont l'objet fédéraliste est clair : « *Les loges alliées /.../ d'accepter comme irréfutable objectif fédéral. Distance à travailler à partir de toutes les tendances, églises politiques et confessionnelles /.../, sur le raffinement de ses membres et le bonheur, de l'espèce humaine que vous voyez dans l'égalité maçonnique et de la liberté, la pierre angulaire fédérale et d'envisager une exigence de base pour la tolérance de celui-ci* ». Ceci peut montrer l'esprit qui l'animait dans ses choix et lieux de travail en communauté. Il ne faudrait pas croire néanmoins que ses relations avec ces communautés pour qui il se nommait lui-même « The infidel Jew », fut sans nuage. Suite à la publication du *Moïse et le monothéisme* il suscita de la haine de la part de certains juifs traditionnels ou simplement conservateurs. Ainsi pour Abraham Yahuda les paroles de Freud furent-elles considérées « plus haineuses pour Israël que celles des plus fanatiques chrétiens ». Martin Buber s'acharna contre cet ouvrage et Freud fit remarquer à Max Etington que le *Moïse* est bien plus vulnérable que *l'Interprétation des rêves.* Outre les attaques juives il y eu celles des chrétiens avec Vincent Mc Nabb du *Catholic Herald* de Londres, qui écrivait qu'il se demandait si à la lecture de certaines pages de ces ouvrages, l'auteur n'était pas un obsédé sexuel.

Plus tard, Freud constituera son fameux « Comité directeur du mouvement psychanalytique » avec le chiffre sept ou *zayin*. C'est-à-dire la septième lettre de l'alphabet hébreu dont le symbolisme rappelle entre autres le chandelier à 7 branches, ou le chiffre du rythme du sang, représentant la virilité nécessaire pour les transmissions initiatiques où comme dit la tradition maçonnique « il faut tuer le vieil homme ». Ainsi il y eu sept membres dont le frère Hans Sachs. Peut-on échapper au symbolisme, au pouvoir du symbole et du signifiant qui le véhicule et le détermine ?

À cette époque, les liens entre la franc-maçonnerie et « La raison égyptologique », sagesse théologique, avaient pénétré les rites principalement ceux des obédiences de Memphis-Misraïm. Reinhold, Schiller, Voltaire et Goethe renouant avec la tradition de Platon rendirent hommage à cette sagesse liée à son rapport maçonnique avec la *Flûte enchantée,* par opposition à une représentation aryenne, vision de l'Antiquité grecque qui était en vogue depuis 1800 environ. Karl Léonard Reinhold (1757-1825) disciple de Kant et collègue de Schiller fut la source de ce dernier dans son essai, *La vocation de Moïse (1790),* or Reinhold venait juste de publier en 1788 *Les mystères hébreux ou la plus ancienne franc-maçonnerie religieuse.* Cet ancien jésuite viennois avait d'ailleurs fui la capitale au moment de son adhésion à la loge *Zur wahren Eintracht (*la vraie concorde) à laquelle Mozart rendit de nombreuses visites, à cause de la position politique de la Réforme dans cette ville.

Nous percevons là un peu de l'atmosphère politique et culturelle, de cette époque, mais pour essayer de mieux comprendre cette mystérieuse Franc-maçonnerie, reportons-nous à l'ouvrage *La Franc-Maçonnerie au risque de la psychanalyse,* de J. Demoulin et G. Gosselin[4]. Cet ouvrage démonte deux univers protéiformes, très différents où l'opposition se manifeste entre leurs deux discours. Le premier basé sur des références philosophiques et historiques exalte les idéaux et l'altruisme, alors que le second démonte ces idéaux et l'altruisme via un travail d'archéologue sans aucune prétention humaniste, c'est la psychanalyse.

Pour J. Fontaine, maçon et écrivain (Ed. Etrad) le « connais-toi toi-même » socratique représente le fil rouge entre psychanalyse et franc-maçonnerie et pour M.-E. Gonnin, psychanalyste et écrivain (*Hiram & Freud*), il pense qu'à l'instar d'un iceberg les francs-maçons ne se livreraient qu'à un examen superficiel de conscience, celle de la partie émergée de la psyché.

S. Freud puis C.-G. Jung,[5] petit-fils d'un célèbre franc-maçon de haut grade, en nous communiquant les fruits de leurs travaux nous ont appris que « la fonction symbolique trouvait son origine dans les strates les plus profondes de la psyché de l'être social humain. Communiquant par symboles avec ses semblables, ou avec ce qu'il considère comme l'infini quelque chose ou « quelqu'UN » qui le dépasse et semble fonder son existence. Selon la définition d'Eric Hobsbawm, « les

traditions inventées désignent un ensemble de pratiques de nature rituelles et symboliques qui sont normalement gouvernées par des règles ouvertement ou tacitement acceptées et qui cherchent à inculquer certaines valeurs et normes de comportement par la répétition, ce qui implique automatiquement une continuité avec le passé ».
Ainsi le premier texte historique maçonnique datant de 1498 ne fait que perpétuer une tradition orale et ce ne fut qu'en 1723 que la Grande Loge de Londres se donna des statuts et règlements qui devinrent ceux de la Grande Loge d'Angleterre. Ceci marqua définitivement la rupture avec la Franc-maçonnerie opérative. En effet par le passé une loge de bâtisseurs était physiquement construite sur le lieu du « Chantier » et pour sa durée, regroupant les frères des différentes corporations locales.
Dans notre hexagone, ce n'est qu'en 1877 que le Grand Orient de France s'opposant à la Grande Loge unie d'Angleterre, berceau des loges Européennes, exclut de ses règlements l'obligation de croire en un Dieu ainsi qu'en l'immortalité de l'âme. Nous retrouvons dans *L'avenir d'une illusion* de Freud (1839-1856) « l'homme de croyance et de piété est éminemment protégé contre le danger de certaines affections névrotiques ; l'adoption de la névrose universelle le dispense de la tache de former une névrose personnelle ». La religion serait ainsi conçue, comme la névrose obsessionnelle universelle de l'humanité, telle celle de l'enfant, elle dériverait du complexe d'Œdipe, des rapports de l'enfant au père.
Il nous semble alors que Freud avait utilisé la première Loge qu'il avait construite tels les compagnons du moyen- âge, pour son « Chantier » et sur le lieu de celui-ci, « la Psychanalyse », l'œuvre.

Beaucoup de neuroscientifiques, pensent aujourd'hui que la notion de « pulsion » aide à comprendre les étranges

observations qu'ils font depuis quelques décennies, ce sont entre autres les travaux de François Ansermet et Pierre Magistretti auteurs de *À chacun son cerveau.* Ainsi « plasticité neuronale et inconscient », sont étudiés par Lisa Ouss et Sylvain Missonnier qu'on peut consulter sur le site Web du Service de Pédopsychiatrie de l'Hôpital Necker-Enfants-Malades.
Les travaux de Freud continuent sans lui, ils ne sont donc pas du passé comme certains voudraient les y reléguer.

NOTES

1- Archives de Vienne du B'nai B'rith ouvertes aux historiens après la guerre.

2- M. Robert, *La révolution psychanalytique*, Ed. Payot p 39
(à 22 ans, il déjudaïse son nom Shlomo Sigismund Freud qui devient Sigmund Freud).

3- Lettre N° 69 du 21 septembre 1897 à Fliess.
Jewich origins of the psychanalytic mouvement de Denis. B. Klein 1981

4- *La Franc-maçonnerie au risque de la psychanalyse,* J. Demoulin et G. Gosselin, par Luc Pire, Bruxelles 2008, à la Cale Sèche.

5- Dictionnaire comparatif. C.G. Jung et la franc-maçonnerie (Dervy, 172 pp., 2012)
- La Loge et le divan (Dervy, 2008)
- Jung est l'avenir de la franc-maçonnerie (Dervy, 2004 & 2005)

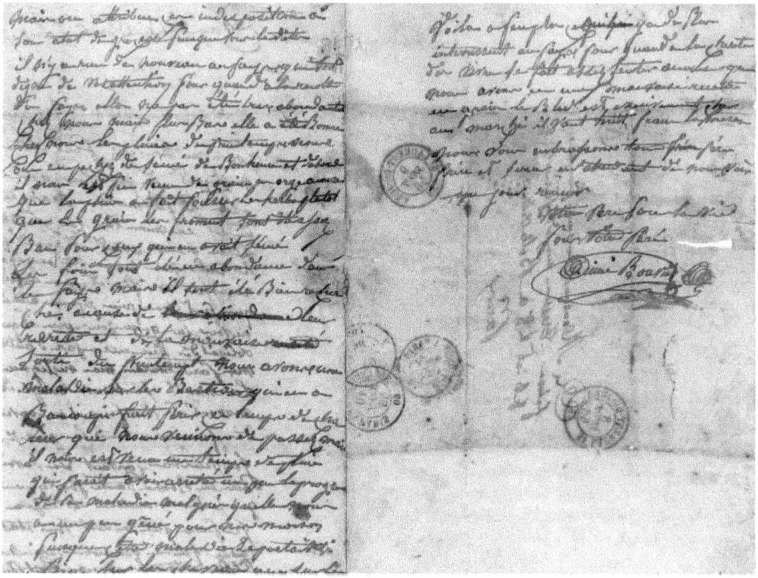

Lettre de Nina[*] (qui épousa Pierre Bonaparte)
au père de Mamée[**], datée de la poste de 1856.

NOTES

* - Nina, grand-mère de Marie Bonaparte

**- Ma grand-mère, Mathilde Lucard était liée par cousinage avec la grand-mère de Marie Bonaparte, Justice-Éléonore Ruflin dite Nina dont la mère née Lucard, son père Ruflin, étaient tous deux cousins germains de ma grand-mère. Nina épousa Pierre Bonaparte dont elle eut un fils Roland, le futur père de Marie Bonaparte (J.-P. Bourgeron, *Marie Bonaparte,* Paris PUF, 1997).

Mozart et l'initiation

Freud prétendait être ignorant du domaine musical, mais il nous semble qu'il ait fait une exception pour Mozart, surtout pour *La Flûte enchantée* car dans une lettre à Ida Bondy, Fliess écrivait en 1897 que Freud y avait fait une citation dans *L'interprétation des rêves* de 1900, ce qu'on retrouve aussi dans une lettre de 1909 à Ferenczi. Bien que dans la biographie que E. Jones lui a consacrée, celui-ci nous confie, que Freud a trouvé *La flûte enchantée* décevante. Jones par la suite aurait fait référence à certaines remarques plus pertinentes, évoquant la participation discrète de Freud à la musique : son fils Ernst ne relate-t-il pas que son père fredonnait parfois quelques mélodies de Mozart ?

Mais en tant que Franc-maçon il n'a pu ignorer l'ampleur de cette oeuvre ni son symbolisme.

La Flûte enchantée de Mozart[1] est considérée comme une œuvre maîtresse du maître, et du répertoire classique.

Je n'aurais pas la prétention de vous parler du versant musical de cette œuvre, mais plutôt d'essayer d'interroger le livret qui est celui de Schikaneder, imprésario et ami du compositeur qui en 1791 lui demanda de composer un opéra en allemand. Mozart composa la *Flûte* pour le petit théâtre en bois du faubourg de Wieden où elle est montée pour la première fois le 30 septembre 1791.

Les tréteaux en bois ont d'ailleurs été repris dans l'œuvre d'Ingmar Bergman, qui en a créé une interprétation pour la télévision suédoise qui à cette occasion avait fait reconstruire le vieux théâtre royal en bois. Il semble que cette œuvre fut une œuvre pour le peuple et dans la langue du peuple, telle l'avait voulue Mozart afin de

toucher le plus large public. C'est une version musicale chantée en allemand, qui permet selon les interprétations et les pays, d'avoir des dialogues parlés, soit en suédois dans la version de Bergman, soit en français dans les versions jouées en France.
Habitués que nous sommes aux fastes des grands opéras, aux orchestres composés de nombreux musiciens, la formation d'un orchestre réduit n'est pas du tout éloignée de celle du XVIIIe siècle et nous ne savons pas toujours très bien si c'est la formule que nous connaissons dans nos opéras qui a toujours été jouée à l'époque de Mozart. Cette œuvre est plus qu'un opéra, elle est, une partie de l'héritage que nous a laissé le grand maître. Héritage fait pour rêver comme font rêver les enfants, les contes d'Hoffmann ou ceux des frères Grimm. Un héritage qui interpelle chacun d'entre nous, quelles que soient ses croyances ou sa philosophie, bref un héritage universel. Quel bel hommage peut-on rendre à Mozart si ce n'est de faire vivre et revivre ce chef d'œuvre et d'en partager toutes les énergies bienfaitrices. Tel semble être son message symbolique, qui peut se lire à plusieurs niveaux puisque nous savons que c'est une œuvre créée pour une initiation maçonnique. Cette œuvre comprend toutes les subtilités symboliques imaginaires qui restent à découvrir pour les initiés comme les non-initiés. Du symbolisme maçonnique, c'est une histoire charmante, un peu naïve comme un conte où mise en scène et musique sont à ce point harmonisées. Je crois que nous pouvons dire pour ceux qui ne sont pas des habitués d'opéras que cette *Flûte enchantée* est la comédie et l'émotion réunies, faites pour séduire le plus large public.
Comment définir cet extraordinaire chef d'œuvre, est-ce une pantomime ou un ouvrage sérieux ? En vérité les deux, c'est ce qui explique l'attirance et les audiences aussi variées. Cet opéra est le dernier que Mozart

composa. Il s'adressait à un public simple, les œuvres précédentes ayant été commandées par les classes dirigeantes donc pour plaire à une audience plus sophistiquée. Mozart et Schikaneder son librettiste ont composé cet opéra pour attirer la plus large audience : cet opéra regorge d'éléments de pantomimes, de magie, de chants populaires, qui en font un vrai conte d'enfants pour adultes.

La Flûte est une des plus belles réussites du genre quant au symbolisme de la pièce, il se pourrait qu'il en voile un autre plus essentiel à nos yeux. On peut y percevoir l'expression éthique d'un bouleversement du lien social, à partir d'une certaine sublimation du rapport sexuel entre homme et femme. Chaque scène est ciselée sans penser nécessairement à la précédente, ni à la suivante afin de lui conférer un caractère et une vie propre. Tel le duo Papageno-Papagena, véritable pièce dans la pièce à quoi le couple Tamino-Tamina n'apporte rien de plus.

Mozart et son librettiste appartenant tous deux à la franc-maçonnerie marquent de leur empreinte cette œuvre, on peut noter que la plus grande partie de la musique pour les prêtres du temple est en fa bémol majeur, accord utilisé exclusivement pour toutes ses autres pièces d'inspiration maçonniques. Le nombre trois, symbole maître par excellence est très employé dans tout l'opéra. Ainsi le fa bémol majeur à trois bémols, accord utilisé pour la reine de la nuit. Il y a trois dames d'honneur, trois jeunes gens, trois ensembles dans chaque acte, chacun pouvant se décomposer en trois parties, trois arias entre les ensembles de chaque acte ...etc.

Mais cet opéra présentait-il seulement des idéaux maçonniques ? Nous pensons que Mozart et Schikaneder divergèrent d'avec ces idéaux et il semble que *La Flûte Echantée* puisse être aussi considérée comme une critique de la maçonnerie de l'époque, la femme ne jouant aucun

rôle dans le rituel, alors que dans la *Flûte Enchantée*, Pamina la fille de la reine de la nuit devient prêtresse comme le nouvel initié Tamino.
Zarastro, grand visionnaire est le maître d'une confrérie qui n'évolue plus. Au début de l'acte II, il se bat pour une vie politique qui changerait les choses et Zarastro sait qu'ensemble Pamina et Tamino seront capables d'affronter les épreuves du feu et de l'eau pouvant ainsi accéder au pouvoir. La morale finale est qu'un monde dirigé par un homme et une femme en parfaite union est le seul moyen pour la confrérie symbolisant l'humanité de continuer à s'accroître et à se développer.
La grandeur de *La Flûte Enchantée* tient donc au fait que la morale proposée séduit tout le monde.
L'Amour, la Fraternité révélée, l'Idéal du Bien, les épreuves et l'obéissance sont ici proposées comme des gages du bonheur.

L'HISTOIRE

Il était une fois un roi très sage qui vivait en orient et dont la bonté était connue du monde entier. Il régnait sur le « Cycle solaire », possédant ainsi les secrets de la nature et le pouvoir sur les hommes. Ce roi très sage savait que le Cycle solaire* pouvait aussi apporter le malheur, mais il le dirigeait avec prudence pour le bien de tous. Aussi est-ce avec discernement qu'il résistait aux arguments de son épouse qui voulait utiliser ces pouvoirs pour acquérir splendeur et puissance. De même, la roue solaire connue sur le continent Indien depuis l'avènement de l'hindouisme ou même avant, fut-elle détournée par un mage, sinistre conseiller de Hitler ; son sens giratoire inversé devint alors le symbole de l'idéal nazi, la croix gammée c'est-à-dire l'inverse de la Svastika ou roue solaire.

La reine et le roi eurent une fille appelée Pamina. Un jour le roi surpris par un orage perdit son chemin dans la montagne, il se réfugia sous un chêne et avec le bois du tronc, il tailla une flûte. Quant il en joua la flûte le ramena magiquement, au château auprès de sa femme et de sa fille. Cette flûte dotée d'un pouvoir magique par les dieux, quiconque en jouait était protégé du mal et reconduit sur le droit chemin ainsi que tous ceux qui pouvaient en écouter la musique.
Aux limites du royaume, il y avait un temple sacré, où vivait une confrérie qui s'imposait comme devoir d'atteindre à la sagesse, de libérer les hommes de la superstition et des ténèbres du monde. Seuls les plus intelligents et les plus clairvoyants étaient admis dans cet ordre après avoir été soumis à des épreuves initiatiques. Dans les moments de grands périls on convoquait le concile qui nommait un chef au sein de la fraternité, ainsi Zarastro fut-il désigné à l'époque ou vivait ce grand roi. Zarastro était un jeune homme lorsqu'il fut nommé à ces hautes fonctions en raison de ses nobles et grandes qualités.
La fraternité restant indépendante de la dynastie régnante, une loi interdisait à ces membres d'y participer afin de garder toute leur indépendance.
A la naissance de Pamina, un prince, Tamino grandissait dans un puissant royaume voisin, ce jeune homme étonnait par sa curiosité et son intelligence, Zarastro ainsi que le roi entendirent parler de ses aptitudes exceptionnelles. Aussi le roi formula-t-il le désir qu'un jour ce prince fût fiancé à sa fille Pamina, afin qu'il puisse lui succéder dans son royaume. Mais Tamino et Pamina grandissaient sans se connaître, la jeune fille ignorant le désir de son père. Lorsque ce dernier sentit sa fin venir il fit appeler Zarastro et légua à sa femme sa couronne ses trésors, y compris la flûte, mais confia à Zarastro « Le

Cycle septuple du soleil » craignant que son épouse n'en fasse mauvais usage.
Depuis, Zarastro devint en secret le tuteur de Pamina afin de lui éviter l'influence néfaste de la reine. À la mort de son époux, la reine le maudit de l'avoir dépossédée, cependant Zarastro respectant le désir du roi prit la princesse sous sa tutelle.
Pamina devint une charmante jeune fille mais se sentait prisonnière dans son pays natal, prisonnière de sa mère et se languissait. D'autre part, Zarastro avait confié la garde de Pamina au prince Monostatos qui succomba très vite aux charmes de celle-ci et tenta de la séduire. Pendant ce temps, le royaume sous l'autorité de la reine tombait en ruine, et très habilement elle fit courir une rumeur selon laquelle Zarastro avait trahi le roi. La plupart des gens la crurent et le roi voisin le père de Tamino prit son parti et soutint ses arguments.
Quelques personnes cependant découvrirent le stratagème, s'en confièrent à Zarastro en qui ils voyaient la vraie sagesse le protecteur du pays. Le but de la reine étant simplement de s'emparer du « Cycle solaire », et à cette fin, elle fit appel aux puissances magiques, elle inventa des complots multiples afin de troubler les initiés.

Désormais on l'appela la « Reine de la nuit ».

L'OPERA

ACTE I :
Nous voyons un gigantesque serpent poursuivre Tamino qui s'évanouit, mais il est sauvé par trois dames d'honneur de la reine de la nuit. Celles-ci se disputent le privilège de rester seules auprès du prince, mais elles n'arrivent pas à se mettre d'accord et partent toutes trois

prévenir la reine. Tamino se réveille suite aux chants d'un oiseleur appelé Papageno, et suppose que celui-ci est son sauveur. Papageno se garde bien de le contredire, malheureusement pour lui les dames réapparaissent et entendent son mensonge et le punissent en lui posant un cadenas sur sa bouche. Elles montrent à Tamino le portrait de Pamina, la fille de la reine dont il tombe instantanément amoureux. La reine apparaît et promet de lui accorder sa main si, il la sauve des griffes d'un cruel démon qu'elle nomme Zarastro.
Une flûte magique lui est offerte pour le protéger, et pour Papageno une clochette non moins magique pour accompagner le prince dans ses recherches. Trois garçons apparaissent alors, pour les guider dans leur voyage.
Au royaume de Zarastro, Monostatos poursuit Pamina de ses assiduités, mais prend la fuite lorsqu'il aperçoit Papageno. Les trois garçons conduisent Tamino au temple de Zarastro dédié, à la Nature, à la Raison et à la Sagesse, mais l'accès lui en est refusé à deux reprises. Alors qu'il approche de la porte pour la troisième fois un prêtre apparaît, expliquant à Tamino que Zarastro est loin d'être un individu néfaste. Tamino entend la voix de Pamina et découvre qu'elle vit à l'intérieur du temple, il est joyeux et joue de sa flûte, puis entendant alors le pipeau de Papageno il se précipite à sa rencontre, mais les deux hommes se manquent.
Papageno et Pamina poursuivis par Monostatos entrent, et les clochettes magiques de Papageno ont bientôt raison de l'agressivité de Monostatos. Lorsque Zarastro et ses suivants arrivent, Pamina se résout à lui parler des assiduités de Monostatos, entre temps Tamino a été capturé par Monostatos qui le traîne derrière lui.
Le couple Tamino - Pamina se voit alors pour la première fois. Monostatos est condamné par Zarastro à être fouetté, puis sur son ordre Tamino et Pamina devront prouver

qu'ils sont dignes de bonheur en se soumettant à des épreuves initiatiques dans la communauté d'Isis.

ACTE II :
Zarastro explique aux frères de l'Ordre, les raisons pour lesquelles il a décidé d'initier Tamino aux mystères de l'Ordre. La première épreuve sera de garder le silence dans une pièce obscure, malgré diverses tentations.
Dans un autre lieu du temple, Monostatos découvre Pamina assoupie, mais l'arrivée de la reine subitement le chasse. Celle-ci ordonne à Pamina de tuer Zarastro, mais Monostatos a tout entendu et une tentative de chantage pour obtenir l'amour de Pamina est contrecarrée par Zarastro qui explique les principes de pardon et d'amour qui règnent dans le royaume.
Tamino et Papageno commencent alors leur épreuve de silence. Papageno triche en bavardant avec une vieille commère qui prétend être sa bien aimée. Trois jeunes gens entrent en apportant des mets et des instruments magiques. Entendant la flûte, Pamina se précipite, mais poussée au désespoir par le silence imposé à Tamino elle pense qu'il ne l'aime plus. Pamina part, Zarastro félicite Tamino et lui dit qu'après une dernière rencontre, il se pourrait qu'il ne revoie jamais plus Pamina. Après de brèves retrouvailles les amoureux se séparent tristement.
Papageno n'est pas contrarié outre mesure de savoir qu'il ne connaîtra jamais la joie de l'initiation, il se contentera joyeusement de bonne chaire et d'une charmante femme.
La vieille commère réapparaît et se transforme en une adorable jeune femme, compagne pour Papageno et annonce « je suis Papagena » avant d'être écartée par les prêtres, car Papageno doit continuer ses épreuves.
Les trois jeunes gens réapparaissent pour dissuader Pamina de se suicider et la ramènent vers Tamino. Tamino et Pamina acceptent de se soumettre aux

épreuves de l'initiation : par le feu et par l'eau, protégés par la musique et soutenus par leur amour. La tentative de suicide de Papageno est également interrompue par les mêmes jeunes gens qui lui apportent des clochettes magiques.
La reine, Monostatos et les trois dames préparent un dernier assaut contre le temple de Zarastro, mais ils sont vaincus instantanément. Zarastro et sa suite bénissent enfin l'union de Tamino et Pamina et chantent un hymne de grâce. Fin de l'Opéra.

L'OPERA, UN STYLE DANS LE SIECLE.

Après que l'Opéra Italien et catholique ait eu un tel succès dans les cours des souverains du Sud, le Nord protestant réagit en créant un type d'opéra Allemand : *L'Enlèvement au Sérail* et *La Flûte Enchantée* en sont les deux chefs-d'œuvre. Le « Singspiel » genre élaboré pour supplanter «l'Opéra-séria» inauguré en 1773 par *l'Alceste* de Schweitzer sur un livret de Wieland, dont le *Lulu ou La Flûte Enchantée* deviendra le livret que proposa Shikaneder à Mozart.
Ce Singspiel prolonge les mystères du moyen âge, on y retrouve des fables symboliques comme celle de la flûte. N'oublions pas que Mozart compose cet opéra féerique allemand à une époque où Shakespeare est considéré comme le grand démiurge ou la littérature est pleine de contes folkloriques et où le maître à penser est J.-J. Rousseau disant que l'homme naît bon mais que ce sont les institutions qui le gâtent, il s'agirait donc de libérer ses forces vives. Par ailleurs les « Sturm und Drand », les « Illuminés de Bavière », témoignent d'un désir de retour aux sources de la poésie, des mythes, de tout ce qui est mis à mal par la philosophie des lumières. L'Ordre des « Illuminés de Bavière » rejoint d'ailleurs la Franc-

Maçonnerie, où les *Dialogues maçonniques* de Lessing, ceux de Herder chantre de « l'âme du peuple », de Wieland, de J.-J. Rousseau, sont largement étudiés. Lors de son initiation du IXe grade, « le frère » est mis en garde contre les dogmes et les églises, il apprend que seul le libre exercice de la raison peut fonder le royaume de Dieu sur terre. Notons d'ailleurs que tous les proches de Mozart sont des « Illuminés », lui-même en est très influencé. Quant il écrit *La Flûte*, il semble qu'il sache sa fin proche et le combat de la vie contre les forces obscures qui anime l'opéra, ne fait-il pas écho à l'absurdité de la mort alors que créativité et succès ne font que croître pour lui ?

La Flûte Enchantée est un kaléidoscope, d'une grande variété musicale : hymnes, airs bouffe, arias, chansons populaires...etc, superpositions d'une audacieuse pagaille qui permet à chacun de tirer interprétation de ce miraculeux magasin d'accessoires.
Les tentations d'exégèse sont nombreuses, conte, fables, rites initiatiques, que pouvons-nous ajouter, avec un regard d'analyste ?
Regardons les personnages évoluer, écoutons-les.
Psychogenèse du Sujet ?
Privation, frustration, Castration ?

L'amour, dans cet opéra est plutôt désexualisé au début, que ce soit le couple Tamino-Pamina ou celui Papageno-Papagena, même si ce dernier dit que « l'amour donne la vie » c'est une vision où la libido est en retrait. Éros n'est là que pour accompagner une femme à devenir mère, dans la perspective de donner la vie. Donner la vie pour chaque couple sera l'avènement de la génitalité : c'est à venir dans cet opéra ! Quid du désir, purement sexuel ?
Où le rencontre-t-on, si ce n'est avec angoisse, chez Monostatos l'oiseau noir. Le personnage de Monostatos

ne pense qu'à posséder et jouir de Pamina, champ voilé du désir. Il la convoite comme pur objet et malgré un rôle mineur il représente le point frontière entre deux mondes. Changeant de camp à la fin du IIe acte, il passe chez la Reine de la nuit, ainsi met-il l'accent sur des similitudes entre Zarastro et la Reine de la nuit, qui ont du « même », en ce sens que leur code, leur vision du monde sont identiques à un signe algébrique près (+ & -).
« Une totalité-totalitaire », leur savoir à chacun se présentant comme «La » vérité », ils sont comme père et mère imaginaires pétris d'une même argile, ils nous montrent un système sans manque, sans faille, qui abolit tout différentiel et qui représente pour chacun l'exclusion du système de l'autre.
Monostatos est celui qui fait la liaison entre eux déplaçant sur son personnage l'impossible reconnaissance de l'altérité. La question du désir, semble ici être représentée chez Papageno sous forme de son insoumission qui a du mal à aboutir. Au début du IIe acte, il tourne en ridicule les injonctions auxquelles Tamino, figure idéalisée, obéit. Papageno se moque de tout ce qu'il demande, il ne recule pas il tente de ne pas être totalement soumis à un ordre phallique imaginaire, qu'il soit celui de la Reine ou celui de Zarastro et tant pis s'il ne fera pas partie du cercle des initiés. Il se moque de rester en marge du grand destin, la femme, il l'aura, le vin et la bonne chaire aussi. Il continuera à vivre dans la nature non sans avoir à sa façon fait cette rencontre terrible avec la peur, le désespoir et la mort, ce qui n'est pas sans nous évoquer certains moments de la cure analytique.
Tamino lui dit «tu as peur ? » Papageno lui répond « pas du tout j'ai des frissons dans le dos », «je ne recherche pas du tout la sagesse, je suis tout simplement un homme qui se contente de dormir de manger de boire, mais s'il pouvait se faire que je mette la main sur une jolie petite

femme !». Peut-être que là, pensons-nous au jeune Mozart, sale gosse impertinent faisant un pied de nez à la série des pères abusifs : Coloredo, Léopold, le Commandeur ...etc. Ce Papageno bavard incorrigible il le restera, il ne comprend pas pourquoi il ne faut pas parler aux femmes, quelle est la légitimité de cette règle ?

Le quintette : Dames, Tamino, Papageno est interrompu par le cœur des prêtres qui en coulisses crie « le Seuil sacré est profané que l'enfer engloutisse les femmes ».

Tamino reste prisonnier du rêve de l'idéal qu'il incarne et auquel il est appelé, par une certaine figure de père de transcendance. Pour avoir le droit de faire partie de l'élite et des initiés, il faut obéir, se soumettre à ce trajet initiatique, parcours, identification, où se joue la constitution d'une forme de masculinité obéissant au modèle de la version du père telle qu'elle est promue par le maçonnisme et incarnée par Zarastro. Il s'agit pour lui, de finalement se mettre à la place du père, du chef auquel il a fait allégeance.

Tamino est ligoté dans cette révérence au rituel, auquel il a accordé foi. C'est parce qu'il a accordé foi qu'il est dans cette espèce de soumission absolue, pris alors dans un ordre imaginaire dont il ne sort pas. Pourquoi s'est-il embarqué dans cette aventure ?

Un gain de jouissance faisant du rituel comme tous rituels une métaphore de l'accession et du partage d'un phallus Imaginaire dans la communauté et peut être aussi dans une haine déniée à la Reine de la Nuit. Peut-être est-ce là l'expression d'un mécanisme névrotique obsessionnel ?

Tamino ressort plus comme un modèle un archétype, alors que Papageno c'est quelqu'Un. L'un serait le représentant de quelque chose, alors que l'autre serait du côté d'un Sujet. Tamino est la représentation scénique d'un rêve en un homme nouveau, celui grâce à qui ce

mythe de bonté, d'harmonie, de fraternité se réalisera avec tout ce que cet idéal contient d'utopie.
Mais revenons à cet autre aspect des personnages que nous avions commencé d'évoquer sur le plan de leur évolution vers l'Idéal du moi. Que voyons-nous ?
La division du Sujet le rôle du fantasme dans la mise en place de cet idéal moïque ... ? Je suis tenté de reprendre ici l'hypothèse que Freud formulait à propos des personnages de Shakespeare et des procédés de composition de ses pièces : Tamino et Pamina comme incarnant une même dualité psychique, résultat du partage effectué à un moment de l'œdipe où le discours social affecte la bisexualité psychique de l'être redoublant sa division déjà existante. Lorsqu'un petit homme mâle est confronté à la différence anatomique sexuelle le discours des adultes du socius lui impartit des rôles, des conduites, des postures afin de l'engager dans une dialectique par rapport à l'objet désiré, ce que Lacan appelle sexuation et les anglo-saxons, gender. C'est peut-être la raison pour laquelle il fallait ici un Papageno en quête d'une Papagena, pour introduire dans le narcissisme cette différence de la réalité anatomique qui remanie l'intersubjectivité et confronte le Sujet à sa sexuation. C'est aussi la raison de l'apparition du personnage de Monostatos, en pervers polymorphe.
Tout cela nous conduit-il pas à un fantasme œdipien d'un roman familial, où l'énigme fondamentale du Sujet le conduit à une division, et cet opérateur que constitue le discours social à défaut d'être incarné par un père qui donne un patronyme n'en a pas moins besoin d'être énoncé par une figure de grand Autre.
Ainsi Zarastro (A) assumerait cette fonction, prise sous l'angle de la représentation d'un Idéal du moi, portion du « Nom du Père » divisé par loi et traditions avec toute la machinerie que cet opéra explore : les interdits, les idéaux

la règle sociale, enfin tout ce qu'il faut pour établir un Surmoi. La mère ici serait plutôt du côté «proto-oedipienne», qui fait penser au monde de M. Klein, avec une mère auréolée du fantasme de «parents combinés». Dès qu'on s'avance sur les terres de la reine, un énorme serpent (phallus) vous assaille, vous poursuit et ensuite vous tombez sur un oiseleur esseulé qui capture des tas de petits oiseaux dont il dit faire commerce. Lorsque la reine vocalise c'est une manière artificielle de caricaturer l'opéra baroque italien, proche de l'art de Salieri, mais aussi incompréhensible lorsque la voix s'envole vers le suraigu, n'y a-t-il pas là une volonté surréaliste de situer le personnage ?

Lors de sa seconde apparition un poignard dans la main la Reine de la Nuit exprime une image de femme phallique qui peut se situer dans le cadre de la mythologie indo-européenne du fantasme de l'époque, comme Wagner l'utilisera. Les trois Dames appartiennent d'ailleurs au mythe des trois sœurs, dont Freud en a vue une image féminine de la Mort (cf. «le thème des trois coffrets»). N'oublions pas que Tamino tombe amoureux au premier regard qu'il porte sur le portrait, sur l'image de Pamina que lui présentent les trois dames, c'est le coup de foudre. Cette triple figure vient jouer comme un *automaton* dans l'insistance du signe trois dans la *Flûte,* mais qui ne doit pas nous distraire du fait que ce trois est pris en charge à partir de la trilogie oedipienne : père, mère, enfant. C'est la présence de ce Père (Nom du Père) qui fait *tuché,* qui expose le sujet à un langage Symbolique, qui le divise alors même qu'il y est représenté patronymiquement parce que son père est là pour le séparer (Privation) de sa mère. La première séparation a été naturelle la seconde sera la sexualisation de cette perte du fait de la présence du Père. Aux objets (a) : sein, fèces, regard, voix succède en la femme du père, la première image du désir (objet *a* du désir). Le Père interdit cette femme comme objet sexuel (frustration) et elle devient de ce fait une mère symbolique marquée du sceau du désir mais surtout de l'Interdit. À partir de ce moment, la mère dite proto-oedipienne disparaît, est engloutie telle la Reine de la nuit et les trois dames à la fin de l'opéra.

Que se passe t il au moment de l'Oedipe avec ce fantasme de roman familial s'agit-il d'une distinction du fait de la prise en compte de la présence du Père, des imagos parentaux ou plus exactement de les *sexuer* distinctement en fonction de la dialectique de la sexuation à laquelle est soumis chaque Sujet ?

Le désir change les objets réels initiaux dépendant du corps de la mère disparaissent du champ de la conscience, pour être remplacés par des objets imaginaires et surtout sexués dont l'accès est conditionné par l'interdit visant les parents comme objet d'amour (refoulement).

L'idéal du moi est le résultat de cette opération, mettant en accord le Sujet avec sa sexuation c'est-à-dire en modelant sa sexualité psychique ou sexuation, en fonction d'idéaux, d'interdits et en rendant par conséquent certaines dispositions et attirances conscientes et d'autres refoulées. Ainsi dans *La Flûte Enchantée* un être unique tel l'androgyne antique, Tamino-Pamina, subit-il une méïose psychique ce qui prédispose le spectateur à l'audition d'une belle histoire d'amour.

Si l'Amour c'est donner ce que l'on n'a pas, le Phallus dit J. Lacan, c'est la figurabilité de cet objet d'amour qui est l'enjeu de l'Opéra dès la scène de présentation du portrait « Pamina-Tamino », ainsi que lors de la présentation de Papagena à Papageno en vieille femme. C'est la magie des flûtes et des clochettes qui règle le ballet des apparitions et disparitions des amants c'est-à-dire une maîtrise sous réserve de souscrire aux impératifs de l'Idéal du moi.

NOTE

1- Musique d'Amadeus Mozart, *Die Zauberflöte,* Librettiste Schikaneder.

*- L'ordre du cycle solaire est lié au symbolisme rosicrucien, antique origine Égyptienne des cycles de la nature.
La roue solaire connue en Inde dans la culture Brahmanique alimenta le délire du gourou de Hitler dans sa quête des Aryens, race qu'il voulait supérieure. En fait ce n'est que la caste supérieure en Inde, celle des brahmanes. Il chercha dans le mythe de la civilisation nordique et mystérieuse de Thulé l'origine des aryens.
Dans cette quête délirante, il inventa le symbole inversé du swastika ou roue solaire, la croix gammée qu'il tourna en sens contraire lui octroyait ainsi un pouvoir de magie noire !
L'origine des aryens, du sanskrit *arya* « les nobles », fut une peuplade d'origine indo-européenne qui dès le XVIIIe siècle avant notre ère se répandit en Iran et au nord de l'Inde, leur origine est encore incertaine. Leur langue donna naissance au sanskrit, puis au pali iranien et au vieux perse. Il semble que les castes en Inde se fixèrent dès cette époque. Une fascination délirante pour ce peuple devenu mythique, alimenta le nazisme dans toutes ses actions et sa philosophie politique. On retrouve ici la tentation de la reine de la Nuit, dans une quête de pouvoir, via la magie noire.

Une autre initiation

L'arbre de la connaissance

Au Gabon durant 42 ans de règne du président Omar Bongo* se sont développées un certain nombre de loges maçonniques, cela est-il dû au seul hasard ?

Franc-maçon il l'était depuis son engagement par affinités philosophiques au cours de son séjour à Paris, préalablement à son arrivée au pouvoir en 1967.

Par analogie, un rituel, celui du Bwiti existait déjà depuis plusieurs siècles dans son pays.

Par identification projective, un certain nombre d'éléments des deux rituels se ressemblant nous questionnent, étant pratiqués sur le même territoire hier et encore aujourd'hui.

Comme nous venons de le voir dans notre culture occidentale nous ne sommes pas sans connaître l'opéra de Mozart *La flûte enchantée,* qu'il créa pour représenter le cheminement vers l'idéal maçonnique d'un héros qui traverse des épreuves initiatiques multiples.

Ici dans le Bwiti, même un profane peut discerner l'analogie des deux rites, tant dans la forme que dans l'esprit. Ainsi dans cette initiation à l'Iboga ou Bwiti voyons-nous un néophyte soumis de même à une musique, ici « l'Arc musical » qui accompagne toute la cérémonie. La valeur symbolique de cet accompagnement représente le lien entre le village des hommes sur terre et le village des hommes dans l'au-delà, soit la route entre la vie et la mort.

Lors de son initiation le jeune franc-maçon est questionné, de même dans le rituel Bwiti l'impétrant est interpellé, des voix lui demandent « qui es-tu, que cherches-tu étranger ? » et il doit répondre, « je cherche le Bwiti ».

Les initiés lui disent alors, « tu es sur la voie, le Bwiti sera bientôt là, regardes, tu le trouveras ».
Lorsque l'initié a vu, il sait qu'il ne fera ce voyage que deux fois : une pendant cette initiation et l'autre le jour de sa mort. De même l'initiation maçonnique est-elle précédée d'une retraite, durant laquelle le néophyte est assisté d'un ancien, un initié, ce dernier lui communique après le passage de la porte étroite, qu'il s'agit de sa renaissance. Là encore, la similitude est surprenante lorsque le rituel implique que trois coups soient portés sur la tête du novice avec le maillet en souvenir de l'assassinat d'Hiram, l'architecte du temple de Salomon, par trois de ses compagnons à qui il s'était refusé de divulguer le « sublime secret ».
Une différence intervient ici dans ce « passage » : c'est que là les adeptes, grâce à l'iboga, ont la certitude d'avoir atteint à la connaissance du secret. C'est un « passage » de l'immature au mature via une renaissance comme celui du profane à l'apprenti maçon puis au compagnon maçon, mais d'ordre spéculatif.
Le Biwti est un rituel assez long, durant lequel les adeptes obtiennent des révélations pour « se connaître » ainsi qu'ultérieurement le pouvoir d'exercer une thérapeutique sur leurs semblables, ce qui n'est pas que spéculatif.
La seule initiation à l'Iboga ou « bois sacré » exerce ainsi un pouvoir sur l'initié, qu'il pourra transmettre à son tour.[1] Pouvoir opératif et spéculatif à la fois.
Ce « bois sacré » est un arbuste dont on prélève des éléments différents selon l'effet à obtenir : on peut gratter la branche pour en consommer seule l'écorce, broyer la chair pour obtenir des effets plus forts et différents, ou utiliser les feuilles pillées ou en décoction selon les vertus désirées. La prise d'Iboga doit se faire suivant un rituel rigoureux sous la surveillance d'un Nganga, ou tradi-praticien, psychothérapeute africain initié.

Après absorption du produit, le sujet en cours d'initiation tombe très vite en léthargie, puis, vit des phases hallucinatoires durant lesquelles il a accès à sa mémoire profonde, zone jusque là inconsciente. Il peut ainsi revivre des épisodes sur lesquels il aura à statuer, pour changer le présent de la composante pathologique dont il souffre. Certains y voient là, une sorte de pratique d'une « psychanalyse chimique » ou narco-analyse, ce qui est un paradoxe tant l'introspection, les souvenirs et le degré de conscience modifiée permettent de tels effets.
D'autres y voient un rapprochement énigmatique, avec l'initiation à la franc-maçonnerie spéculative dont les étapes préliminaires se ressemblent étrangement, tant dans le symbolisme que dans la progression vers l'initiation.
Peut-être faut-il trouver dans ce rapprochement l'origine de l'implantation de la franc-maçonnerie au Gabon avec tant de succès.

PRELIMINAIRES

Ici c'est l'expression d'un processus initiatique né de la somme d'expérimentations transmises de maître à élève depuis des générations, qui tient la place d'une pensée expérimentale moderne de type scientiste, dont le sujet serait exclu puisque l'expérience dite scientifique dans sa rigueur *forclot* le Sujet (*Verwerfung*).
« Pour un Africain, la nature est inerte par elle-même, si elle n'est pas activée par la parole qui la culturalise et l'humanise. Aussi est-ce la raison pour laquelle le thérapeute traditionnel ne prépare jamais un médicament pas plus qu'il ne prélève tout ou partie d'une plante qui, par essence, est naturelle, sans lui donner ce support culturel qu'est le verbe qui rétablit le dialogue entre la nature et la culture que la maladie a rompu ».[2]

Quant au symbolique il est le terme emprunté à l'anthropologie et employé comme substantif par Lacan dès 1936 pour désigner un système de représentations fondé sur le langage. C'est-à-dire sur des signes et des significations qui déterminent le Sujet à son insu, en lui permettant de s'y référer consciemment ou inconsciemment lorsqu'il exerce sa faculté de symbolisation.
Ce concept est inséparable du noeud de structure (RSI) reliant le monde externe perçu au travers d'une certaine culture et le monde interne né dans cette culture avec ses processus imaginaires, le passage de ce que nous nommerons vers l'Inconscient et retour, sera vécu comme Réel. Réel qui imprègnera l'initié de manière indélébile tant qu'il ne fera pas passer cette expérience au travers du tamis de la pensée discursive scientifique qui aurait alors pour effet d'envelopper ce Réel d'un cocon symbolique imaginarisé, ou enkystement et d'en abraser l'indispensable magie de congruence. Processus totalement inverse d'une approche thérapeutique des psycho-traumatisés qu'on veut soulager des réminiscences angoissantes d'un Réel rencontré lors du trauma, ici le Réel de l'initiation doit subsister pour imprégner à jamais l'initié, le formater c'est-à-dire « l'initier ».

LA PLANTE[3]

Ce sont des esclaves Mitsogho, échappés des négriers qui dit-on ont introduit ce « bois miraculeux » mais les Fang de la région de Libreville le connaissaient bien avant, car ils en mâchaient les feuilles et en appréciaient les effets. La manducation des feuilles ne provoque que de faibles hallucinations car elle n'extrait que de faibles doses de produit actif par rapport à l'absorption de l'écorce, mais il est néanmoins un puissant tonique du système nerveux.

Dans toute la région du Gabon on utilise aussi de l'écorce râpée infusée, qui est un filtre pour la mancie ou découvrir les choses cachées, ici c'est le domaine de la voyance en tout genre et aussi celui des procédés de la justice traditionnelle. Si les devins l'utilisent à des fins divinatoires, les pygmées de la région lui confèrent le pouvoir d'obtenir des sensations voluptueuses.
L'Iboga est un psychotrope toxique, principalement du Gabon, et des peuples Fang, Mitsogho, Masango et Bapindji en particulier. L'Iboga[2] se rencontre à l'état sauvage jusque dans les forêts de Mayamba du Congo, mais surtout cultivé dans les jardins c'est un arbuste à latex qui mesure de un à deux mètres. Son odeur est vireuse, ses feuilles simples et oblongues en pointe fine de un à deux millimètres d'épaisseur. Ses fleurs sont petites, jaunes ou tachetées de rose d'environ 4 à 5mm de long. Ses fruits sont polymorphes, ceux de l'Iboga mâle sont allongés et épais de 10-15mm en forme de gousse à péricarpe et ceux de l'Iboga femelle sont globuleux.
Son principe actif nous est connu depuis peu, on y distingue quatorze alcaloïdes dont l'ibogaïne et la ternanthine, qui agissent sur le système nerveux.
Au Gabon les gorilles des plaines sont friands de ces racines vu leur pouvoir psycho-stimulant comme un ginseng africain. L'usage profane chez les humains est le même, il réduit la fatigue et accroît la lucidité, et la décoction de ses racines est utilisée contre l'asthénie et certains états dépressifs, comme médecine traditionnelle.

LE BWITI, L'INITIATION

En dehors de son usage profane ou thérapeutique, il est utilisé dans trois principales sociétés initiatiques du Gabon comme révélateur des « connaissances insues du

sujet » que lui révèle ce « voyage initiatique » de forme chamanique, ce sont les confréries suivantes :
1- Celles des devins guérisseurs, ou Ngangas : les Ngangas-a-Misoko et Nganga-a-Myobé strictement réservés aux hommes, où seuls ceux qui ont vécu l'initiation jusqu'au quatrième stade sont considérés comme « Maîtres et gardiens de la connaissance visuelle ».
2- Les sociétés initiatiques masculines du Ya-Mwei ou Kono, responsables du maintien de l'ordre public.
3- Les sociétés Boo et Ombudi ou Omwiri chez les Fang, ordres initiatiques réservés aux femmes qui sont tradi-thérapeutes. Celles-ci pratiquent un rite de possession qui ne va pas au-delà de la troisième étape de celle des hommes, « là où les génies leur communiquent les causes des maladies pour lesquelles elles sont consultées. » Elles utilisent aussi les propriétés contraceptives de la plante ainsi que ses pouvoirs aphrodisiaques issus de l'écorce de la racine.
Chez les Fang de l'intérieur du pays il est absolument interdit d'absorber cette « drogue » à but hallucinatoire, en dehors des rites de passage initiatiques. Ainsi toutes les déviations toxicomaniaques sont-elles répréhensibles et condamnées. Selon leurs croyances, le futur initié ne doit pas être un « sorcier » car il risquerait de mourir pendant l'initiation.
Cette initiation par l'Iboga n'est pas sans risque mortel par arrêt respiratoire, aussi est-il indispensable que son déroulement soit toujours sous le contrôle d'un maître-initié considéré comme « Mère », qui précise les dosages en fonction de la physiologie du candidat et de sa préparation, qui le surveille tout au long de son « voyage ». Cette prise en charge, jour et nuit, durant toute cette expérience peut durer jusqu'à huit jours.

La première absorption débute par une manducation de l'écorce de la racine très amère, suivie par celle du buis de la plante, c'est une expérience très éprouvante somatiquement et psychologiquement. Après des troubles stomacaux où « le ventre du néophyte se vide du lait de sa mère » certaines angoisses dues à des phénomènes d'ex-corporation temporaires, l'initié tombe dans un sommeil mêlé de confusion onirique, avec des variations thermiques importantes.
L'iboga lui supprime la notion de temps et lui apporte la preuve visuelle, tactile et auditive d'autres vécus. L'adepte doit passer par une désincarnation, son esprit sortant par la fontanelle traverse l'état foetal avant de vivre sa propre réincarnation.

La cérémonie complète comporte quatre stades.
Le premier est celui des visions incohérentes, le second celui des apparitions menaçantes d'animaux, le troisième est constitué de visions mythiques qui dissipent ses doutes quant à l'objectivité de ce qu'il perçoit, puis enfin il s'apaise. Advient alors le quatrième stade où entrant dans *le village du Bwiti,* village de la mort, l'adepte rencontre Nzamba-Kana le Père du genre humain, le premier homme et à sa gauche Disamba la mère du genre humain la première femme.
C'est la fin du « voyage » et les anciens saluent le nouvel initié, « Tu as vu le Bwiti de tes propres yeux », et l'invitent à s'assoir sur le côté droit du temple, le côté des hommes et de la vie.
L'initié devra intégrer ultérieurement dans son conscient associé à son fond culturel trans-générationnel toute cette expérience vécue comme réelle, où il a entrevu le passé le présent et peut-être le futur.

Son « être » voyagea dans un univers que nous nommerons très Jungien, compte tenu de ses travaux sur les *archétypes* et l'onirisme alchimique que celui-ci étudia.
L'Iboga est appelé « science infaillible » car elle permet d'échapper au monde physique pour entrer dans l'aire supra physique du sujet, c'est un voyage où affrontant sa vie passée il lui faudra se réconcilier avec ce que nous nommons son refoulé et les causes névrotiques de ses divers symptômes, grâce à des abréactions toutes singulières. Les images qu'il aura à découvrir sont mystérieuses et kaléidoscopiques où des êtres se métamorphosent sans cesse. Des visions fugitives aux formes multiples où le postulant perçoit ce qu'il devra concevoir ultérieurement, que nous interprétons comme issu d'un préconscient et d'un inconscient à découvert, concept psychotique, dans un cadre émotionnel intense accompagnant le film de sa vie. Ce vécu hallucinatoire déclenché par l'absorption de la drogue varie d'une société initiatique à l'autre, en fonction de l'enseignement pré-initiatique des postulants. Par exemple chez l'un, le rituel subordonnera l'accès à la société initiatique via une première absorption d'Iboga à dose psychoanaleptique, dans d'autres cas, la peur, une névrose, une psychose ou un sujet mal préparé rend l'initié incapable de surmonter la phase critique, alors les génies diaboliques le détournent vers la route de la mort. L'initiateur doit alors aussitôt arrêter l'initiation au moyen d'un antidote dont la composition nous est actuellement inconnue.
Ce « buis amer » est partout considéré comme permettant d'entrevoir les choses cachées, de prédire l'avenir et de corriger le passé à la façon d'un prophète. Iboga le prophète comme signifiant a des effets qui le constituent en place de grand Autre (non barré). Cet Autre de l'initié est supposé posséder un savoir supérieur à celui du sujet avec lequel il est lié par manducation, ingestion.

Ainsi incarné l'Iboga confère à son initié sa part de Réel dans un nouage de signifiants où se nouent le Symbolique et l'Imaginaire qui le personnifient comme une entité anthropomorphisée.

Soit :
- Le Réel du produit de l'expérience dont la jouissance restera un innommable vécu.
- L'Imaginaire, vécu dans son être et son âme dans son développement ultérieur au cours de l'onirisme de sa « renaissance ».
- Le Symbolique, par rapport au signifiants qu'il véhicule en se nouant aux deux autres instances (R et I) dans un ensemble structuré, celui du rituel initiatique.

Dans les pratiques thérapeutiques du Ya Mwei on dit : « Ya Mwei ne soigne que le haut, le trou c'est pour toi-même ». Le « haut » c'est le corps malade, c'est ce qu'on avoue. Le « trou » c'est le fond de soi-même ce que l'on n'avoue pas. Ainsi c'est au patient de penser à quoi il est malade : « Je te soigne pour ce que tu viens de me déclarer, mais je ne peux pas le faire pour ce que tu ne me déclares pas ».
Le traitement thérapeutique réussi par l'iboga dans certaines confréries place aussitôt le patient traité, au statut de thérapeute qu'il pourra développer en soignant à son tour. Cela ne fait-il pas penser au parcours d'un analysant jusqu'en fin de cure où il émet parfois le désir de devenir à son tour thérapeute, soit un psychanalyste ?

En conclusion

Tout cela contribue à argumenter cette dénomination de *Psychanalyse chimique* attribuée au Bwiti.

Ce nom « Arbre de la connaissance », attribué par métaphore, rapprochement et associations idéiques, puis imaginarisations projectives de l'expérience lui confèrent son mythe.
Nos concepts occidentaux et notre vocabulaire sont très réducteurs face à des phénomènes de cet ordre, perçus dans une autre culture. À vouloir les copier naïvement nous serions confrontés à une impossible traduction.
Il nous semble irréaliste sinon difficile de penser utiliser l'Iboga à la façon des *Blancs,* c'est-à-dire selon un protocole pharmacologique c'est-à-dire hors rituel et hors transfert, qui est représenté ici par la présence et le savoir-faire du tradipraticien.
Pareille hypothèse nous renverrait non plus à un plagiat mais à des exercices de thérapies sous narcose, une sorte de psychologie analytique qui a été abandonnée depuis quelques décennies comme bien d'autres pratiques devenues obsolètes. Ce qui ne veut pas dire que nous dénions tout intérêt à une étude plus approfondie des processus psychiques mis en jeu dans cette initiation, c'est toute la question.
Comment peut-on s'y prendre pour ne pas être réducteur au point de perdre la « substantifique moelle » d'une telle expérience » ?

NOTES

*-El Hadj Omar Bongo Ondimba, 1935 -2009

1- Au Gabon, Lambaréné, Libreville, documentaire par Philippe le Moré.- 2002.

2- Dr. I. Sow.

3- Dont le nom scientifique est le *Tabemanthe Iboga Baillon.*

2

La Psychanalyse
et
les chemins du savoir

L'Œdipe historique

Un mythe du sujet

Comme tous mythes ou légendes qui peuvent être un enseignement, Freud lorsqu'il découvrit le théâtre de Sophocle et d'Eschyle s'empara du thème d'Œdipe pour ce qu'il pouvait symboliser, à son usage.

Mais aurait-il discerné dans cette légende la cause historique du passage au patriarcat, le remplacement de l'ancienne loi matriarcale comme cette légende nous le laisse entrevoir ?

Les historiens, situant au XIIIe siècle avant notre ère la disparition du vieux culte Minosnéen de la déesse, maîtresse de la nature et des animaux et l'installation d'un patriarcat la remplaçant comme ce fut le cas à Athènes, avec Thésée.

Ce mythe ne serait alors ni plus ni moins que l'expression d'un passage enfoui dans la mémoire collective, du matriarcat au patriarcat avec le capitonnage de la jouissance, apporté par la loi du père, aujourd'hui celle du Livre ou loi mosaïque qui en est le paradigme.

Cependant, il n'appréhenda que la partie exposée dans la tragédie grecque pour son objet. Omit-il volontairement de nous parler de l'historique de la légende, ou faut-il la sous-entendre ?

Le héros thébain de cette légende est connu au travers du poème cyclique *l'Œdipodie*, oeuvre de 6600 vers, attribuée au lacédémonien Kinaithon au VIIe av J.-C. Déjà Homère dans l'Odyssée y faisait allusion sous un autre nom, celui d'un héros[1]. Ce mythe grec est un mythe exprimant un drame d'infanticide qui certes n'aboutit pas à la mort, mais fut espéré comme tel par son père. Il n'est pas le seul

quelle que soit l'origine qu'on a pu attribuer à ces meurtres.
Beaucoup d'autres mythes rappellent des rites d'exposition de sacrifices de premier-nés, infanticides masqués. On en retrouve dans toute l'Antiquité y compris dans la Bible[2], où Isaac fut épargné par l'ange de Dieu, du couteau sacrificateur de son père. Sacrifice rituellique du premier-né. Ce qui ne l'a pas empêché de finir étrangement, comme Œdipe aveugle, solitaire et sans consolation.
L'histoire d'Œdipe est liée à un mythe qui a été perdu mais qui parlait d'un enfant divin, porté avec des torches par des bergers à la cérémonie du nouvel an où il était proclamé fils de la déesse Brimo ce qui semble avoir laissé des traces dans notre culture chrétienne. Cet évènement qui se dit *éleusis* est le plus important des « Mystères d'Éleusis » au sanctuaire de Déméter et de Perséphone. Le mythe de l'arrivée d'Œdipe à la cour de Corinthe rejoint de nombreux autres héros légendaires tels Pélias, Amphion, Égisthe, Moïse, Romulus, Cyrus..., tous abandonnés sur une montagne ou livrés aux vagues des océans. Œdipe, qui veut dire « pieds enflés », n'est pas loin de l'Œdipais « fils de la mère gonflée » le héros Dylan de la culture celte irlandaise.
Quant au meurtre de Laïos souligné dans les différentes tragédies, il représente la mort rituelle d'un roi solaire par son successeur, jeté à bas de son char et traîné par les chevaux, dans les légendes les plus anciennes de la Grèce Antique. Historiquement Œdipe fut un envahisseur de Thèbes au XIIIe siècle av. J.-C. qui supprima l'ancien culte Minosnéen de la déesse Sphinge et réforma le calendrier. À cette époque-là, le nouveau roi considéré comme étranger avait été théoriquement le fils du vieux roi qu'il tuait et dont il épousait la veuve. Œdipe comme Sisyphe essaya-t-il de substituer une succession matrilinéaire à

une succession patrilinéaire ? Comme Thésée qui fut révolutionnaire en voulant imposer à Athènes le patriarcat, ce pourquoi, il fut banni à la fin de son règne.
Freud, sur le tard, dans *Moïse et le monothéisme* fera allusion à l'Orestie d'Eschyle où il situe bien le remplacement d'un ordre social matriarcal ancien par l'ordre patriarcal nouveau.
Les différents auteurs qui traduisirent en tragédies cette légende, soit Eschyle, Sophocle et Euripide, apportent chacun à cet enseignement ancestral un éclairage subjectif particulier issu des besoins de leur époque.
Si Œdipe qui se crève les yeux a été interprété comme signifiant de la castration par certains psychanalystes, les grammairiens grecs considéraient déjà la cécité de Phénix le tuteur d'Achille comme un euphémisme de l'impuissance.
Dans diverses versions du mythe, Œdipe meurt paisiblement et c'est Sophocle à la suite d'Eschyle qui, pour les besoins de sa cause, donne au mythe sa version tragique la plus répandue aujourd'hui. En effet pour des raisons dues à l'économie psychique en ce Ve siècle, à Athènes, il semble que l'aveuglement d'Œdipe soit une invention de Sophocle « nécessitée par l'*ananké* (personnification de la destinée ou fatalité) psychologique du moment : enseigner au public qu'on ne peut satisfaire impunément ses désirs puis mourir paisiblement.../...
Sophocle propose et structure le Surmoi avec la référence paternelle, avec lui les hellènes ont appris à compter jusqu'à « trois»[2]. Structurations triangulaires qui coïncident avec la technique théâtrale de Sophocle. Eschyle n'avait que deux acteurs, Sophocle en introduisit un troisième, ce qui permit de mettre trois inter-locuteurs en présence.
En ce Ve siècle, avec Eschyle et Sophocle apparut ainsi, au travers d'un enseignement théâtralisé, un mouvement

philosophico intellectuel. Ce mouvement proposa un ordre anthropologique nouveau au Nom du Père, à la place de l'ordre-ancien des Érinyes,[4] au Nom de la Mère, qui régnait jusqu'alors.

L'HISTOIRE

Laïos fils de Labdacos et roi de Thèbes, avait trahi l'hospitalité de Pélops son hôte, dans sa jeunesse, il enleva le petit Crysippos (non consentant) à Pisa dont il était tombé follement amoureux. Ayant épousé plus tard Jocaste et affligé de ne pas avoir d'héritiers il consulta l'oracle de Delphes, qui lui révéla que cet aspect facheux était une faveur des dieux, car tout enfant né de Jocaste serait l'instrument de sa propre mort. Aussi la répudia-t-il sans explications. Mortifiée frustrée par cet affront, telle Pénia qui se fit engrosser par Poros ivre mort, au banquet d'Aphrodite[3], (l'ayant enivré pour l'attirer dans sa couche) neuf mois plus tard naquit Œdipe que Laïos arracha aussitôt des bras de la nourrice, lui perçant les pieds pour l'attacher et le fit exposer aux bêtes féroces sur le mont Cithéron par son valet Polybe.
Dans une variante de la légende Laïos enfermait le bébé dans un coffre qu'il jetait à la mer, lequel échouait sur la côte de Sicyone où Périboea, épouse du roi Polybes se trouvait sur la grève. Pour celle-ci qui n'avait pas d'enfant, ce fut un miracle, aussi emmena-t-elle le bébé derrière les buissons pour en ressortir en simulant les douleurs de l'enfantement devant ses servantes avec l'enfant dans les bras. C'est ainsi qu'elle fit croire qu'Œdipe était son fils, sans pour autant cacher la vérité à son époux Polybos qui l'adopta. Beaucoup plus tard un corinthien ivrogne dit-on, se moquant d'Œdipe, lui fit remarquer qu'il ne ressemblait pas du tout à ses parents. Perturbé celui-ci s'en alla consulter la Pythie qui s'écria

avec horreur, « tu vas tuer ton père et épouser ta mère ». Il s'enfuit aussitôt pour échapper à son sort et c'est dans le défilé de Delphes à Daulis qu'il rencontra un vieillard sur son char, entouré de ses gardes du corps qui prenaient toute la place sur le sentier. Arrogant et agressif il lui signifia qu'il lui était supérieur et qu'il lui devait le passage. Troublé par l'oracle, Œdipe se laissa envahir par la colère et affronta les gardes, les extermina les uns après les autres. Le char s'emballa Laïos, car c'était lui, roula sous les roues du véhicule et fut traîné, déchiqueté, sans qu'Œdipe ne l'ait personnellement touché. Laïos revenait lui aussi de l'oracle d'Apollon où il avait demandé comment se débarrasser de la Sphinge monstre femelle, né de Typhon et d'Echidna qui ravageait la jeunesse de sa cité.

Il faut dire, qu'à cette époque selon nos historiens, la loi d'Athènes réprouvait l'homosexualité, l'amour entre hommes étant considéré comme avilissant. Les Grecs y voyaient là un risque menaçant la civilisation.

Cependant ce qui pour nous, semble paradoxal, c'est que les rapports pédérastiques entre un *erastes*, amant adulte et un *eromènos* un aimé, ou jeune garçon à peine pubère de 12 ans jusqu'à l'apparition de sa première barbe vers 18 ans, soient érigés au rang d'institution ; celle-ci constituant un rite de passage, et ces « relations » avaient surtout valeur d'éducation à la vie sociale et politique.

Ce mode éducatif entre maître et élève était alors courant, comprenant certes des rapports sexuels toujours possibles, mais sans que la notion de plaisir prenne le dessus sur les valeurs intellectuelles et morales. En tout cela les grecs dans ce qu'ils nous ont transmis considéraient le rôle actif du maître et celui passif de l'élève, d'ailleurs ces pratiques avaient des règles restrictives l'éducation de la majorité des citoyens reposant sur ces initiations.

Laïos ayant transgressé ces règles, Héra voulut punir Thèbes de son roi pédéraste qui à la cour de Pélops avait trahi l'hospitalité sacrée de son hôte en enlevant le petit Crysippos. La déesse avait-elle installée la Sphinge à Thèbes, la cité ayant été trop tolérante à l'égard de cette relation coupable ? Ceci est donc l'histoire d'un fils, qui provoqua la mort de son père par hasard, après avoir échappé à la machination criminelle de celui-ci.
Une autre version plus théâtrale fut retenue par Sophocle et Eschyle : l'histoire du meurtre d'un vieillard qu'Œdipe ne connaissait pas, à un croisement de trois chemins, qui ne voulant pas lui laisser le passage le courrouçât au point de provoquer ses hommes de main pour avoir le champ libre et le tua, on ne sait comment[4]. Telle une intuition, un savoir inconscient, le présage de la funeste rencontre fut ressenti confusément par Œdipe. Dans sa tragédie Sophocle l'exprime par ces mots : « Il se précipite sans rien voir sur le chemin rocailleux et s'engage dans le défilé qui aboutit à un carrefour. Trois routes[5] s'y croisent, il frémit en les apercevant car Peur posant sa froide main sur son coeur le remplit d'une terreur sauvage et irraisonnée qui grave dans son cerveau en traits ineffaçables l'image de ce lieu néfaste. Tout, autour de lui les monts sourcilleux, se dressent menaçants, et leurs échos semblent répéter la malédiction de la prêtresse.
Il s'en va droit devant lui comme une bête traquée, ne se détournant ni à droite ni à gauche ».
Sophocle nous montre dans cette description la métaphore d'un père terrible enfoui dans sa mémoire inconsciente, retrouvé au carrefour de trois chemins.
Oedipe semble être investi d'une violence qui équivaut à celle qui lui fut infligée enfant, brutale cruauté de l'ordre patriarcal incarné par Laïos à cette époque.
D'autre part, on ne sait pas grand-chose ni de son âge ni des liens avec ses parents Polybes et Périboea, (Mérope

dans la tragédie) qui l'avaient recueilli et adopté en secret et n'avaient pu cicatriser le trauma de son exposition au mont Cithéron. Il est probable, qu'en quittant ceux qu'il croyait être ses parents, il revécut la scène de rupture avec le sein maternel originel, « la Chose » d'avec Jocaste.

Le destin le pousse vers cette Sphinge, monstre femelle, mère cannibale, dévoreuse d'enfants, où fantasmes inconscients et réalité s'entremêlent.

Suite, aux révélations de l'oracle représentant son désir inconscient il se sentait responsable d'un crime potentiel et se vivait comme « un fléau » d'où son désir conscient d'apporter « quelques bénédictions » au peuple de Thèbes en le débarrassant de cette Sphinge comme bonne action. Comme si, il allait ainsi résoudre son conflit intime celui du traumatisme intérieur qui le mine.

Alors le dramaturge lui fait dire « Je monterai, je défierai le monstre... , l'énigme serait bien difficile, en vérité, si je n'arrivais pas à la deviner ». Dans le même temps, les thébains bouleversés par la mort subite de leur roi Laïos n'avaient pu pratiquer aucun rituel de deuil d'où leur grande angoisse. Et pire encore, leur ville était ravagée par la Sphinge à visage de femme mi-aigle mi-lion, qui chaque jour dévorait un homme parce qu'il n'y en avait pas un à pouvoir résoudre l'énigme qu'elle posait. L'apparition d'Œdipe dans leur ville fit de lui un leader suffisamment fort pour remplacer le roi défunt et affronter le Monstre. Il se pose alors en sauveur des enfants[6] de Thèbes.

Le tragédien décrit le monstre : « un oiseau puissant dont les grandes ailes d'or et d'airain miroitent aux rayons du soleil qui l'enveloppent d'une auréole de lumière.

Et au centre de ce cercle lumineux, brille un visage pâle et beau comme une étoile au lever de l'aurore ».

Dans cette étrange description de figure maternelle à la fois distante, irréelle, terriblement agalmatique, qui le contemple de toute une hauteur surnaturelle, n'y a-t-il pas là comme un souvenir enfoui du regard qu'il offrit à sa propre mère, face à la jouissance de cet *Autre*, dans son imaginaire ? Ce que le poète décrit comme, « Le feu de la convoitise s'allume dans ses yeux, elle étend vers lui ses griffes cruelles et se met à agiter sa queue de côté et d'autre, comme un lion furieux qui guette sa proie ».

Les thébains qui restaient à distance de la vision insoutenable considéraient que seul celui qui aurait le courage de regarder en face cette réalité pourrait les délivrer de cette malédiction et de leur angoisse. L'énigme imposée n'était que métaphore de l'homo sapiens en tant que Sujet accompli. Ce n'est peut-être, qu'à cause de l'horreur de la révélation de l'oracle de Delphes, que plus solide et plus mûr, il put aborder cette énigme et la résoudre.

« À l'aurore il se traîne sur quatre pieds, à midi, il marche sur deux, le soir, c'est sur trois qu'il avance en chancelant. Quel est cet être jamais le même et cependant jamais plusieurs mais un seul ? » Alors comme se libérant de cette étrange emprise maternelle, il répondit, « quel serait cet être, sinon l'homme ? » La Sphynge demande en fait à Œdipe de s'identifier à « l'Homme ». Enigme qui peut être entendue comme : toi qui ne sais pas qui tu es, hâtes-toi de te connaître et en paraphrasant la lettre de R. Kipling nous dirions :« tu deviendras un homme mon fils ».

À ces mots, la Sphinge disparut en se donnant la mort en se précipitant dans l'abîme. Dès cet instant, vainqueur, il fut proclamé roi et reçut la veuve de Laïos comme part du butin qui lui était attribué. Mais un jour, l'irritation persistante des divinités[7] produisit une nouvelle catastrophe, une pandémie. La peste envahit Thèbes avec la répétition des malheurs. Les thébains se tournèrent de nouveau vers les sacrifices humains pour calmer leurs

dieux et leurs angoisses. Œdipe fit alors appel à Tirésias, célèbre devin aveugle qui lui fit une révélation terrible : c'est lui qui de fait portait la responsabilité, quoique non coupable, il n'en était pas moins redevable devant les dieux : « Malheur à toi Œdipe, malheur à toi, car tes yeux voient et cependant tu n'aperçois pas ce que tu es, et tu ne discernes point tes propres actes. Bientôt étranger sur une terre étrangère tu erreras privé de la vue, tâtant le sol de ton bâton et, à l'ouïe de ton nom et de ton crime, les hommes s'éloigneront de toi, remplis d'horreur ».
Selon la légende, Tirésias était celui qui connut la jouissance féminine ainsi que la jouissance masculine. Peut-être avait-il découvert qu'il n'y a pas de rapport sexuel ? À cause de ce savoir auquel il ne voulait pas renoncer Héra, furieuse, lui ôta la vue. Zeus lui conféra alors le don de prophétie et une vie s'étendant sur sept générations. Et c'est Athéna qui lui offrit un bâton en bois de cornouiller pour le guider sur terre. Depuis tout au long de l'histoire légendaire grecque, Tirésias est devenu un nom commun pour désigner un devin. Ici, notre Tirésias se présenta à la cour d'Œdipe pour annoncer que la peste ne prendrait fin que si un « Homme Semé »[8] donnait sa vie pour la Cité. Le père de Jocaste, Ménoecée, se jeta alors du haut des remparts de Thèbes, son sacrifice fut unanimement loué et la peste s'arrêta. Mais ce n'était pas suffisant pour que celle-ci fût éradiquée, il faut ajouta Tirésias, que pour satisfaire les dieux, un autre « homme Semé », celui qui appartient à la troisième génération, celui qui a tué son père et épousé sa mère.
« Sâche ô Jocaste qu'il s'agit d'Œdipe, ton mari ! »

Si de nos jours nous avons appris à interpréter le destin de l'homme versus son Inconscient les dieux antiques et les oracles en furent les précurseurs dans bien des circonstances. Ainsi selon chaque culture, ce grand *Autre*

est-il perçu intime ou hors sujet comme extime au sujet. Mais comment de victime du père devient-il son bourreau aux yeux de tous ses concitoyens ? N'y a-t-il pas là, une diffraction de la pensée collective face au mystère individuel d'un être. Comment pourrait-il transmettre au collectif sa vérité, ce qu'il ne peut pas dire, ce secret qu'il ne comprend pas lui-même à l'état de veille ?
Tirésias connaît ce que nous appelons la transmission transgénérationnelle. Ainsi pèse sur les épaules d'Œdipe le poids d'un destin qui lui est inconscient. Il va devoir supporter celui-ci et en être selon l'expression, aveuglé.
Si nous nous appuyons sur ce dire, « Le destin de l'homme, c'est son Inconscient » n'est-ce pas là, la zone aveugle de tout humain ?
Œdipe cherche, retrouve et interroge le vieux serviteur fidèle du nom de Polybe, qui l'avait sauvé de la mort. Celui-ci lui révèle trois secrets, encore trois : trois chemins, trois secrets, comme un chiffrage signifiant de sa destinée.

LE DIALOGUE, VU PAR SOPHOCLE

Œdipe : « Qui t'avait chargé de me mettre à mort sur la pente de la montagne ? »
Polybe : « N'en demande pas d'avantage ô roi, je t'en conjure ! Il est des choses qu'il vaut mieux taire. »
O : « Parle je te l'ordonne, dussé-je même apprendre de toi, que je suis fils d'esclave, je suis prêt à le supporter. »
P : « Tu n'es pas fils d'esclave, mais de race royale. Ne m'en demande pas davantage, ô roi ! »
O : « Parle vieillard parle. Ton silence excite mon courroux. Je t'obligerai à tout dire dussé-je employer la violence. »
P : « Oh ! Ne porte pas sur moi des mains cruelles !

C'est par égard pour toi que je voulais me taire. Je l'ai reçu de ta mère et ton père était... le roi Laïos. Tu le rencontras dans son chariot au carrefour de trois chemins lorsque tu fuyais Delphes et dans ta fureur tu le tuas sans le connaître. Malheur à moi car les dieux m'ont choisi pour être le témoin involontaire de leur oracle ».

À ce stade, nous remarquons que, dans la légende, la question de l'articulation du désir et de la Loi qui doit être tenu par le père reste occultée et que d'autre part Laïos n'est pas son père au sens symbolique. Il n'est que son géniteur. Les tragédies qui en ont été extraites ont pris des positions parfois différentes mais il est important de noter que celui qui l'a adopté, est lui, en place de « Nom du Père », le Père symbolique c'est ici Polybos.
Enfin il est peu probable que sa mère n'ait pas su très vite qu'il était ce fils qu'on lui avait arraché, que ce jeune homme ne faisait pas énigme pour elle avec sa boiterie, sa blessure aux pieds qui signent un nom Œdipe. Sophocle ne fait-il pas dire à son jeune époux : « bien des gens dans leurs rêves ont partagé la couche maternelle. Celui qui attache la moindre importance à de telles choses est aussi celui qui supporte le plus aisément la vie » ?
Cette phrase n'est pas innocente. N'y a-t-il pas là une question sur la jouissance féminine qui ne connaîtrait pas la loi de la castration aussi rigoureusement que celle, côté homme, car les femmes ne sont pas toutes castrées comme le dit Lacan ?
Dans la tragédie de Sophocle, Freud découvrit des sentiments universels, c'est pourquoi il écrivait en 1897 à Fliess son fidèle complice, qu'il lui semblait avoir découvert un processus de répétition, enfant-parent d'un grand intérêt : « J'ai trouvé en moi comme partout ailleurs des sentiments d'amour envers ma mère et de jalousie envers mon père, sentiments qui sont, je pense communs

à tous les jeunes enfants, même quand leur apparition n'est pas aussi précoce que chez les enfants rendus hystériques/.../. La légende grecque a saisi une compulsion que tous reconnaissent parce que ressentie. Chaque auditeur fut un jour en germe en imagination un Œdipe et s'épouvanta devant la réalisation de son rêve transposé dans la réalité ».

Rien de tout cela n'explique à nos yeux la conviction de ce père d'être réellement tué par son fils, à moins que l'amour d'une mère pour son nourrisson, y trouvant son objet phallique décrit par Freud fasse une telle ombre au père, surtout s'il s'agit d'un fils à qui s'ajoute une prédiction, une superstition ou une intuition sensitive, voire paranoïaque ?

Côté métaphore, n'est-ce pas aussi celle du droit d'aînesse prise au pied de la lettre où comme dans la psychose « le mot c'est la chose ». Œdipe n'est pas psychotique, une forclusion n'est pas repérable mais Freud ne discerna-t-il pas chez le sujet obsessionnel un même phénomène une telle préoccupation, la même angoisse où l'enfant qui va naître désigne dès cet instant la mort du Père ?

Après l'aveu de Tirésias, Œdipe se crève les yeux[9] et Jocaste se pend. Ses deux fils et demi-frères Etéocle et Polynice le chassent et détiennent le trône à tour de rôle. Il part alors sur la route, guidé par sa fille et demi-soeur Antigone, pour mourir au pied d'un buisson à l'instigation des dieux. Mais le temps passe et les deux frères devenus ennemis s'entre-tuent lors de la guerre des sept chefs, décrite dans « Sept contre Thèbes », autre tragédie d'Eschyle. Polynice est tué par son frère Etéocle, reproduisant ainsi la fin tragique d'Abel face à Caïn. Créon, frère de Jocaste monte sur le trône et refuse une sépulture à Polynice. Antigone défie le nouveau roi, son oncle, car elle veut une sépulture pour son frère.

Affrontant la loi, qui la lui refuse, elle préfère se tuer dans la tombe qu'elle avait par amour préparée pour lui.

COMMENT FREUD UTILISA-T-IL CE DRAME ?

C'est au-delà de l'Œdipe que Lacan va discerner l'universel de ce mythe antique, devenu freudien.
Cet enfant, enlevé à sa mère dès sa naissance pour être sacrifié via un oracle, avait-il été nommé ?
Est-il un sans Nom ? La légende n'en dit rien.
Géniteur à son corps défendant, Laïos ne l'a pas nommé et s'il porte le nom d'Œdipe c'est que d'autres lui ont donné ce signe, pieds-perçés, comme nom. Ce signe le nomme comme un signifiant maître. Aucun nom ne figure dans le mythe, seule demeure la marque de ses pieds percés, image du sacrifice et signe de mort.
Par l'Oracle cet enfant est donc lié à son géniteur par la mort, l'oracle fait-il une différence entre géniteur et Père au sens de « Nom du Père » ? Ensuite sauvé puis adopté il va avoir un nom, celui issu du signe dont il est marqué : Œdipe, signifiant celui qui a été trouvé.
Périboea, celle qui le découvrit et l'adopta exprima un désir en avouant à son époux celui de l'adopter. Ainsi Polybe son époux devint-il de cette façon pour cet enfant un « Nom du Père », celui qu'il appellera papa.
Petit phallus d'une mère, à qui il fut enlevé il devient petit phallus de celle qui s'y substitua pour l'élever, l'adoptant comme son fils et lui désignant Un Père, son époux.
Mais quid de la faute du géniteur Laïos le pédéraste, celui qui aimait trop jouir des enfants et qui fut cause de toute cette tragédie humaine ?
La circulation du phallus, la jouissance de Laïos, celle de Jocaste ne sont-ils pas les vrais thèmes de ce mythe, qui parmi d'autres peuvent avoir un sens commun à tous les humains ? Avec la triade : Réel Symbolique et Imaginaire,

le Père symbolique, celui qui est mis à cette place se réduit à un signifiant Père c'est-à-dire un père mort.
Or ici le destin oraculaire de cet enfant est de rencontrer son père symbolique post-mortem, à son insu. Mais quelle place donner à son adoptant, celui qui l'a élevé par amour, Polybos qui fut mis en place symbolique de « Nom du Père » suppose-t-on ? Polybos est-il un Père imaginaire ou le Père de la réalité, un NdP ?
Alors le géniteur, serait-il du côté du Père Réel porteur des spermatozoïdes, celui qui besogna la mère ?
On passerait ainsi du Père Réel au Père Symbolique par la mort de celui-ci, l'oracle ne dit-il pas « tu tueras ton Père ». En cela on ne dit pas de qui il s'agit, d'où le quiproquo qui envahit ce garçon et sa fuite de chez ses parents adoptifs qu'il croyait être ses vrais parents pour éviter d'atteindre à la vie de cet homme, le seul qui l'a élevé comme fils, c'est-à-dire Un Père ?
Un Père nous dit Lacan, « c'est celui qui est nommé par le désir de la mère » expression de la métaphore NdP. Mais ce dire nous fait oublier que déjà, depuis l'Antiquité le Père est celui qui est toujours nommé par la mère.
Ici c'est le cas de Jocaste, qui par son désir d'enfant abusa d'une nuit d'ivresse pour se faire engrosser par Laïos, donc le faire Père, mais qui le sait hormis l'oracle ?
Une autre femme en quête d'enfant, d'un petit phallus, en fit l'objet de son désir et l'adopta en le présentant à son époux Polybos. Cet acte de « La présentation au père » est un rituel, bien connu même des ethnologues car, chez beaucoup d'animaux il a lieu comme chez les humains.
En ce sens Polybos devient un NdP de cet enfant.
Est-ce là, la tragédie que vivent tous les enfants adoptés ?
Alors la triangulation freudienne ne serait-elle qu'un reflet de notre famille culturelle occidentale ?
La vraie représentation étant de structure, celle des places de chacun dans le registre R.S.I, avec la place du phallus

côté femme, puis côté homme, dans le triangle freudien familial. Depuis la relecture de Freud par Lacan le « Nom du Père » est devenu un signifiant et n'importe qui peut tenir cette place. Ici Œdipe ayant trouvé un père adoptif ayant valeur de NdP, la révélation de son Père Réel devenant Symbolique lui fut fait par l'oracle : « tuer ton père », (destin de chaque fils pour rencontrer le père symbolique ?) qui ne va pas sans le « tu es ton père » dans l'identification à un trait de celui-ci.

Cet oracle fait donc naître du symbolique, à une place restée réelle mais non vacante. Que devient Polybos, dont on ne parle plus et qu'Œdipe a voulu protéger du destin funeste qui lui était réservé ? D'autre part que représente cette Sphinge avec sa jouissance vorace de tueuse d'enfants, ex-déesse Minosnéenne maternelle anthropophage ? Jouissance féminine non barrée, non castrée, expression paradigmatique de la femme, que Lacan nomma pour cela « pas toute » ?

Que fit Jocaste de son jeune époux si ce n'est une fois de plus l'objet de sa jouissance en faisant de lui un père issu de son désir. Elle en eu ainsi trois enfants, pour lesquels on peut supposer qu'il fut un « Père » ?

Voilà donc un fils incestueux sans le savoir consciemment qui transgresse la Loi de Manu[10], universelle éthique des sociétés humaines, loi morale mais surtout loi exogamique protectrice de l'espèce. Une question se pose, pourquoi est-ce Œdipe le coupable et Jocaste ?

La circulation d'une jouissance débridée, est régulée, nous dit Lacan au niveau de la place symbolique d'un Père.

Le NdP, métaphore du désir maternel est là pour ça. Mais Œdipe a failli à tout ça sans le savoir aveugle qu'il était. Avant de s'en crever les yeux dans un passage à l'acte il laissa sa mère jouir de lui et lui donner des enfants, ses frères et soeur de lait, filiation endogame qui ne pouvait qu'aboutir au chaos. Responsable vis-à-vis de la loi du

patriarcat qu'il représente, qu'il devait perpétuer, afin de canaliser la jouissance il a failli à son rôle et à sa place.
La légende puis la trilogie de Sophocle et des autres, ne seraient donc que la représentation d'un mathème théâtral de ces règles patriarcales, où nous repérons la structure avec R.S.I.. Jocaste n'a-t-elle pas eu l'intuition, ou le souvenir de petits pieds percés, cicatrices de son jeune époux de l'âge de son fils ? Pourquoi la jouissance d'une mère ne serait-elle pas du même ordre que celle d'une femme, c'est-à-dire pas toute castrée ? On perçoit bien qu'au-delà de ce que Lacan appelle le triangle freudien, papa, maman et moi, il y a autre chose : le phallus est un signifiant hors système...
Le signifiant conventionnel à désigner ce qui est de la jouissance sexuelle radicalement forclos[11].
« Tout ce qui est refoulé dans le symbolique reparaît dans le Réel, c'est bien en quoi la jouissance est tout à fait réelle »[12]. La place d'un régulateur est donc primordiale, place désignée par ce signifiant « Nom du Père », ainsi le destin de chaque Sujet est-il scellé pour une part bien avant qu'il naisse pour ensuite subir les tribulations de telle mère, tel père ou tenant lieu ?
Quelle part de liberté eut donc Œdipe ? Aucune, mais cela peut-il pour autant produire un mythe universel ?
Les places symboliques de chacun dans R.S.I. semblent universelles car chaque culture évoque avec ses mythes qu'elle construit à but éducatif sa fiction où les places sont distribuées selon R.S.I. C'est la structure qui se retrouve partout et non pas le triangle, papa, maman et moi.

ÉPILOGUE

De 1915 à 1927 Freud nous a laissé ses réflexions sur la notion du meurtre, la loi du talion proclame la vengeance « oeil pour oeil, dent pour dent ». Il précise même, que

« notre inconscient pratique le meurtre même pour des vétilles /.../ car tout endommagement de notre moi tout-puissant paranoïaque est au fond un *crimen laesae majestis* ». D'ailleurs ajoute-t-il « Le cannibalisme, l'inceste et le meurtre, font partie des désirs instinctifs les plus primitifs de l'homme ».

Dans l'évolution des sociétés le passage du matriarcat au patriarcat, de la Loi du Talion à celle de *l'homophilosophicus* est équivalent.

Au niveau du Sujet, à l'origine d'une ère nouvelle issue du Livre nommé Torah ou Bible, notre ancêtre direct fut Seth (Gn IV, 25). Seth ce troisième enfant du couple primordial, qui compensa la mort d'Abel tué par son frère Caïn. Le destin qui lui fut assigné fut alors de refuser de choisir entre la position de victime ou celle de meurtrier : ni loup ni mouton c'est-à-dire rejet de la loi du Talion. Pour compenser ce double désastre d'un Caïn qui détruit, et d'un Abel qui se laissa détruire, la vocation de Seth fut donc d'inventer l'humain en sa vérité de Sujet, c'est ça « Le chant d'Isaïe ». Chant qui mûrit l'homme dit-on, chant qui met à l'unisson, le coeur et les mots qui lui montent des lèvres, celui d'une éthique, amalgame des temps anciens, origine de la psychanalyse d'aujourd'hui. Freud pétri de cultures avec la discrétion qu'on lui connaît sur ses origines, utilisa le signifiant archéologie de préférence pour traquer le trans-générationnel alors que Ferenczi confronta la phylogenèse à l'ontogenèse pour étudier le psychisme humain dans ses profondeurs. Malgré son éloignement des archétypes junguiens, Freud maintint néanmoins son désir de voir un jour la psychanalyse prendre rang parmi les sciences des origines ce qui ne l'empêcha pas de rejeter l'étiologie héréditaire du XIXe siècle, celle qui réapparaît aujourd'hui via le véhicule biologique revendiqué par la science, celle là même qui forclos le Sujet depuis Descartes. Aussi précisa-t-il que, « L'actualité d'un symptôme n'est jamais contemporaine des éléments déclenchants /.../ » et qu'un « grand nombre d'évènements vécus par l'enfant auront plus de retentissement dans le cas où, ils répètent des évènements phylogénétiques très anciens[13].»

Si Freud construisit une topologie comme outil de travail avec Inconscient, Préconscient, Conscient, Phallus, Moi et Surmoi, de nouveaux concepts virent le jour avec Lacan et les cercles R. S. I. rendant encore plus universelle la théorie psychanalytique. C'est avec ce matériel, qui n'est pas tout à fait celui des temps anciens que nous abordons au quotidien dans nos relations entre partenaires nos vécus affectifs non résolus. Si les parents sont d'une même culture les choses semblent plus simples en apparence.

Pourtant sait-on où se situe la cause de la souffrance dans une confrontation qui induit une reviviscence ?

Ne dit-on pas que le refoulé c'est du futur antérieur ?

Ainsi dans les relations parent enfant, chacun des protagonistes construit par exemple, sa *bonne mère* ou sa *mauvaise* et le processus se répétera à chaque naissance selon les insatisfactions, influencés que nous sommes par le monde inconscient parental dans lequel nous baignons depuis notre conception et même en deçà.

Des places symboliques et imaginaires précèdent l'enfant, et pourquoi pas sur six générations, comme le savait Tirésias ; Ronald Laing disait la même chose dans *Le Moi divisé,* en 1959. La psychanalyse intervient pour nous déciller, car si Freud n'était pas aveugle, il était lui aussi un Tirésias et avait bien compris que la tragédie de Sophocle était une sorte de psychanalyse bien avant la lettre. Ne voit-on pas ici que le collectif et l'individuel s'entremêlent, ce transgénérationnel qui influence à notre insu notre personnalité nos relations de couple, d'amitiés, toutes nos relations, qu'elles soient avec des humains ou

même avec l'animal apprivoisé dit de compagnie. Nos conflits intimes, inconscients, tous ceux qui restent non résolus sont là présents comme souvenirs-écrans déformant la réalité entre nous et l'Autre et les autres.
Ne parle-t-on pas de « cadavre dans un placard », comme existant dans chaque famille, expression des non-dits familiaux ? Platon dans la République (livre XI), nous dit que « pendant le sommeil, les désirs dominés par la raison s'affranchissent et l'âme ne recule plus devant aucune audace..., ni devant l'idée de vouloir s'unir à sa mère..., ni de se souiller par n'importe quel meurtre », seul le tyran réalise en passant à l'acte à l'état de veille ces désirs terribles et sauvages des rêves de l'homme normal.

C'est pourquoi la sagesse antique toujours actuelle nous conseille que seul le « Connais-toi toi-même » socratique peut nous aider, en ce sens que ce « Connais-toi toi-même et tu connaîtras les dieux et les hommes » peut nous faire comprendre que « Nul n'est méchant volontairement » comme ce vieux sage nous l'a transmis.

***

NOTES

*- En 1902, l'empereur François-Joseph le nomme par décret professeur extraordinaire. En 1906, ses amis pour ses cinquante ans lui offrent une médaille avec son profil gravé avec au revers l'image d'Œdipe.

1- Homère, *l'Odyssée*, XI.

2- Genèse, XXI-XXVIII.

3- Marie Delcourt, *Oedipe ou la Légende du conquérant*, Les Belles lettres, 1981.

4- Les Érinyes, filles de Gaïa nées du sang de leur père Ouranos émasculé par Cronos son fils, sur ordre de sa mère.

5- Platon (1988), *le Banquet*, Folio essais, Paris, Gallimard, p 110.

6- C'est la métaphore d'un père qui ne veut pas laisser son fils devenir un homme, un Sujet à part entière. Le fantasme du moi paranoïaque d'un père qui ne veut pas le laisser passer devant lui. Trois routes, ce qui semble symboliquement questionner un choix, beaucoup plus psychologique que topologique. Être le fils d'un père et d'une mère réelle et non pas de ses fantasmes.

7- Qui sauve des enfants sauve aussi l'enfant qu'il fut et qui réside toujours encore en lui. Soigner les autres n'est-ce pas un peu tenter de se soigner inconsciemment soi-même?

8- Que veulent les dieux ? L'homéostasie du sujet humain ?

9- "l'Homme Semé", semble être un homme né de la seule semence, c'est-à-dire d'un acte de pure copulation ou à but de reproduction, et non du désir de deux êtres. Il semble que ce mot contienne cette opposition.

10- Selon la croyance universelle du "mauvais oeil" , R. Girard.

11- Manu est l'ancêtre éponyme de la race humaine, premier roi et législateur selon la mythologie brahmanique, qui défini la loi universelle de l'interdit de l'inceste entre une mère et son produit,.

12- Lacan J. (1969), *Séminaire XVI*, "d'un autre à l'Autre" Paris, Le Seuil, p.321

13- ibid

14- Freud S. (2001), *Abrégé de Psychanalyse*, Paris PUF, p.16.

Bibliographie

Annales médicales (1963) *N°5-6,* Athènes. Les Temps Modernes (octobre 1966) *N°245 p. 675-715.*

Buckley E.F. (1931), *Légendes de la Grèce antique,* Paris Payot.

Delcourt M. (1962) *Euripide,* Paris, Éditions de la Pléiade.

Delcourt M. (1944), *Oedipe ou la légende du conquérant,* Paris Les Belles Lettres, chap. IV & V.

Freud S. *Abrégé de psychanalyse,* Paris PUF, p.16.

Nicolaïdis N. (1966) *Proto-Oedipe oedipisé (une approche de la pensée mythique: le mythe considéré comme langage)* in-Studia philosophica, Bâle, p.208-237.

Roudinesco E. & Plon M. (1997), *Dictionnaire de la Psychanalyse, (Lettre de Freud du 15 octobre 1897),* Paris, Fayard.

*

De l'enfant à l'adulte

Confusion des langues

Au début, ce fut l'innommable Réel (R) suivi par l'Imaginaire (I) né de la première hallucination du sein de la mère dont l'*infans* semble s'être séparé, selon Freud dès la première tétée, suivi de près par le langage, le Symbolique (S). Tout ce qui se développera par la suite, le sera en fonction de l'installation de ce logiciel « RSI », faisant du petit animal né humain une exception*.

Alors comment l'enfant pourra-t-il parler, de ce qu'il n'a jamais connu jamais vécu lorsqu'il entre dans un monde géré par les adultes pour partager avec eux leur univers et leur vie ? Comment l'adulte peut-il de son côté, parler de ce qu'il ne re-connaît plus, de ce qu'il pense n'avoir jamais connu car oublié dans le grenier de l'amnésie infantile d'avant ses trois ans ?

Nous pouvons inférer, les traces mnésiques de nos vécus dans notre corps comme dans notre psyché, mais a-t-on toujours accès à cette mnésis ?

Chez l'adulte, ces souvenirs peu ou pas conscients, parasitent son empathie dans des limites projecto-introjectives qui conduisent chaque sujet à induire via son Imaginaire un ressenti de l'autre, du style banal de : « Je vous ai compris ».

Comment notre Imaginaire mobilise-il nos sens, notre sensibilité, pour nous faire ressentir l'illusion d'un vécu ? Phénomènes dits hystériformes décrits par Charcot puis Freud et toute la psychiatrie classique : les hallucinations sensorielles de nos quatre sens y pourvoiraient-elles ?

Ici pas de pathologie déclarée, mais du simple quotidien, *La psychopathologie de la vie quotidienne* comme l'écrivait Freud. Ainsi nos enfants, dans des conditions particulières accéderaient à un savoir d'adultes sans vécu préalable ?

Ceci semble délirant mais comment ce peut-il advenir sans le substratum d'un Réel qui là n'est pas encore advenu dans le vécu, si ce n'est via le pouvoir de l'imagination.

Or à cet âge *infans* on ne manque pas de cet Imaginaire naissant, c'est d'ailleurs là que s'alimentent les premières paroles et les premiers fantasmes : lieux Imaginaires où tout est possible et où tout est permis. Le fantasme se définissant, comme la relation de jouissance d'un Sujet avec son objet de désir. On y croit ou on le croit, telle est la différence entre une névrose et une future psychose. Ces fantasmes construits autour de désirs interdits par le socius, morale surmoïque, témoignent de graves confusions. Freud a démontré que lors de tentatives de séduction, qu'elles soient actées ou non, comme dans les affaires de suspicion de viol, ici, c'est la parole d'un enfant contre celle d'un adulte. C'est alors bien difficile pour un expert (psychiatre ou psychologue) de discerner la réalité des faits, de la néo-réalité d'un fantasme chez un enfant, un adolescent, de même chez l'adulte.

L'anamnèse d'un tel sujet n'y suffit pas toujours, même si elle apporte quelques indications de structure, car à cet âge la structure encore imprécise est envahie de perturbations évènementielles non fixées.

Si le fossé séparant l'autre de soi, semble impossible à franchir nous restons dans l'illusion de pouvoir entrer dans la vie de cet autre (les bouddhistes parleraient de Karma) et réciproquement, qu'il soit enfant ou alter. Illusions, mal entendus, vécus analogiques mais jamais identiques, sont l'apanage de tous humains dont le fonctionnement est empathique**.

Nous devons discerner enfin deux temps : le premier avant la puberté, et le deuxième après la puberté où des risques d'érotisation des liens affectifs, risques de séduction, apparaissant suite à un impossible refoulement des fantasmes œdipiens au sein de la famille.

La transformation relationnelle à ce stade, résulte de l'immersion dans la transformation du corps suite à la poussée hormonale qui induit une déshérence des affects.

Ceci étant posé, nous constatons, qu'il est flagrant que la plupart des parents n'arrivent pas facilement à se faire comprendre de leurs enfants, et que ces derniers n'arrivent pas plus à comprendre les adultes, leur obéissance est souvent d'ailleurs une illusion.

Aussi ces « jeunes » se réfugient-ils aujourd'hui plus qu'hier dans des jargons à leur mode, ces « *lalangue* » groupales qu'ils créent pour se sécuriser au sein d'un de leur communauté du moment, pour faire diversion tellement leur solitude est grande. Cela fut déjà évoqué par Ferenczi dans un traité sur la confusion des langues : *Langue entre les adultes et l'enfant*, qui témoigne qu'il discernait le langage de la tendresse de celui de la passion : « *Sprachverwirrung zwischen den erwachsenen und dem kind. Die sprache der zärtlichkeit und der meidenschaft* ».

Il écrit ailleurs, dans ses notes du 3 juin 1932 : « Symptôme = acheter paix et gentillesse par un excès d'offrandes, de tendresse ou de cadeaux d'argent. Peurs, sans cela d'être abandonné. Plutôt tout céder, derrière cela explosions de colères, si son attente de plaisir très excessive et sans réciprocité n'est pas comblée, par chaque objet et chaque personne. Première impulsion, détruire le monde qui n'est pas digne d'amour ! Ensuite sentiment d'angoisse, exagération de l'obéissance, seulement pour échapper à l'angoisse. L'angoisse n'est-elle pas le sentiment de l'emprise de la pulsion de mort un début de mort (*starvation*) ?

1/ D. M est née avec des dents ainsi que son frère c'est-à-dire avec les tendances agressives les plus fortes.

2/ Refus du sein. (*Bottle)*
En cas d'affirmation de soi : la mère comme de la glace.
a- L'indifférence, b- l'agression, c- l'excès de tendresse. Les trois ont un effet régressif sur l'enfant.
L'enfant ressent à juste titre l'élément agressif, même dans la passion libidinale exagérée. (symptôme passager à ce moment là : *she fells smothered*)[1] ».

Ce texte énigmatique est une compilation de notes pour mémoire, mais l'étude qu'on peut en faire ici abrupto n'est certes qu'une interprétation. « Symptôme : acheter paix et gentillesse par un excès d'offrandes... » montre à quel point le besoin de satisfaire le désir de l'*Autre* maternel est conjoint au symptôme d'abandon cette peur de ne pas être aimé qui équivaut à une mort à cet âge infans. Ensuite il note des traits qu'il repère comme pouvant être des signes d'agressivité potentielle presque pulsionnels chez ce bébé : « D. M est né avec des dents... » le refus du sein (ou du biberon), la réponse de la mère à ce qui peut être considéré une affirmation de soi est d'être de glace, ce qui laisse entendre qu'elle n'a rien compris. L'*infans* ressent toutes ces réactions, même celles qui sont inconscientes chez sa mère, il est en prise directe à un stade fusionnel. Tout ce qui échappe à elle-même, ses sautes d'humeur...etc est vécu comme agression ou perte d'amour. Ce qui constitue autant de symptômes, d'apparence paradoxaux et rarement perçus par les parents. Lorsqu'on devient parent à son tour on ne s'aperçoit pas de ces « symptômes » du passé, restés dans l'ombre de notre amnésie d'enfance, dans l'inconscient, de l'adulte qui en fut parfois blessé. Néanmoins ils sont présents dans la nouvelle relation que nous avons avec nos chers petits (le père d'un côté, la mère de l'autre), car il n'y a ni passé ni présent qui puisse se différencier dans l'Inconscient humain.

« Les traumatismes infantiles agissent après-coup, comme des expériences neuves, mais alors de façon inconsciente »[2] Si bien que la transmission d'une génération à une autre n'est pas seulement celle des modèles parentaux, d'une culture, d'une langue, mais plus insidieusement d'un vécu resté inconscient qui n'en est que plus délétère, et cela sur au moins cinq générations (R. Laing).

La psychanalyse peut alors apporter à de jeunes futurs parents un éclairage sur eux-mêmes et éviter de reproduire une grande partie de cet héritage pathogène intergénérationnel. Qu'est-ce qu'un enfant normal, par rapport à un adulte normal si ce n'est, ni plus ni moins qu'un adulte en formation et que la normalité n'est que fiction. Selon l'âge de l'enfant, le système nerveux central, l'ossature, la musculature et les gonades ne sont pas encore à maturité pour qu'il fonctionne à l'identique de son alter adulte, donc futur alter ego.

En particulier le système hormonal ne lui a pas encore fait ressentir l'excitation du désir sexuel et les spasmes d'un coït, quoi qu'il ait pu voir ou entendre une foule d'informations sur ce sujet. Ainsi la langue de l'enfant ne sera qu'illusion d'un savoir d'adulte face à la langue de son futur alter ego. Un enfant qui a besoin d'expressions d'amour en réclamera à sa manière, c'est avant tout un être en quête exclusivement de tendresse, cette quête d'amour non-génital que l'adulte a aussi connu dans son passé. D'ailleurs combien d'adultes confondent, superposant en un mélange « Amour et désir sexuel » en un seul signifiant « J'aime », une naïve demande. L'enfant lui il sait bien la différence entre : « j'aime le chocolat, j'aime ma sœur ou j'aime les jeux vidéos... » mais reste exclu des pulsions génitales. L'adulte ne perçoit pas souvent cette demande d'affection à sa juste mesure, dès qu'apparaît une demande de caresses, souvenirs du lien

bébé à sa mère en fonction de son âge (surtout avant la puberté).
Sa demande sera inconsciemment perçue à l'aune d'un désir d'adultes, alors qu'il s'agit du troublant « petit pervers polymorphe » freudien, qui cherche à être rassuré par des jouissances de corps. Là encore faut-il que l'adulte ai perçu et métabolisé ce que définissait la complexité de cette expression.
Les méprises sont nombreuses et difficiles à endiguer, car la théorie sexuelle freudienne est mal connue, ou peu assimilée même dans les milieux intellectuels, là comme ailleurs l'empreinte des tabous religieux subsiste encore pour longtemps. De plus l'adulte a oublié, cette époque qui fut aussi sienne, aujourd'hui qu'il est coiffé du génital depuis sa puberté. Son corps en fut remanié ses sens aiguisés vers des désirs et autres jouissances dont il était ignorant et privé auparavant.
Il y a donc bien deux langages d'Amour : l'un pour lui, et un autre plus épuré pour son enfant. Consciemment, il le sait, il vous le dira, mais dans son comportement il en fera autrement, ses réactions spontanées inconscientes feront qu'il n'entend ou qu'il ne répond que de travers, à côté de ce qu'attend l'enfant. Tout cela n'est pas nouveau les philosophes grecs discouraient, sur le « pur amour » et Platon en fut le chantre.
Prenons un exemple qui date de milliers d'années. Soit l'expérimentation et l'apprentissage de la séduction entre la petite fille et un adulte masculin (père ou proche).
La découverte excitante de la petite séductrice, confère à celle-ci un pouvoir sur l'adulte comme étrangement puissant (Lolita). Ce pouvoir expérimenté dans la naïveté relative à son âge, se poursuivra plus tard avec l'apparition de sa maturité sexuelle, ignorante encore à ses débuts les risques encourus par cette pratique. Seule l'expérience du vécu mature, conférera à ce sujet adulte,

une prudence face à ce jeu qui n'en est plus un mais « un pouvoir sur un autre » sachant dès lors qu'il peut être inversé. La séduction est devenue là une arme sur l'autre, quelles qu'en soient les bonnes raisons (voir les feuilletons TV actuels).

Le sentiment de toute puissance a ses limites, que « le manque », cette castration symbolique se charge de pointer parfois douloureusement. Le manque désarçonne, contraint le sujet à relativiser ses rapports aux autres si durant sa psychogenèse qui l'a conduite au stade d'adulte, les trois étapes « privation, frustration, castration », ne sont pas advenus correctement pour le structurer en tant que Sujet.

Ce peut être alors une névrose, avec sa horde de symptômes divers et variés, ou le problème d'une structure psychotique, qu'on n'abordera pas ici.

À contrario hors langage si nous constatons des réminiscences chez l'*infans* et le jeune enfant, celles-ci ne peuvent pas s'exprimer à l'adulte autrement qu'avec les outils dont ils disposent face à ce qui leur paraît si Réel. C'est leur corps qui parle alors d'angoisse avec leurs cris et leurs plaintes énigmatiques, face à un envahissement étrange que l'adulte peut interpréter. Dans le cas contraire n'interprétant pas c'est leur angoisse que leur rejeton ait un trouble, une pathologie, et ils viennent interroger la médecine via le pédiatre.

Certains cas sont devenus sujets d'études de référence tels ceux décrits par les psychanalystes Varenka et Olivier Marc[3] ainsi que ceux du Pr. Titran[4].

Lorsqu'il fait passer son vécu par la parole, la langue de l'enfant est si proche de celle de l'adulte qu'elle le copie souvent, via les médias tels la TV, le cinéma, les BD, … Les mots qu'il utilise, le mimétisme de son discours avec l'adulte rendent difficile la différenciation des langages. Les signifiants qui font énigme pour lui, et qu'il répète naïvement pour mieux en saisir le sens dans le regard de l'adulte sont trompeurs (Voir les études et la théorie de l'apprentissage chez Maria Montéssori). Ils découvrent ainsi le pouvoir de la parole, son énergie, ce qui est encore mal connu dans notre culture occidentale.[5]

Pour conclure

L'enfant n'a pas les moyens de se pencher sur l'adulte pour le comprendre, comme un adulte, quoique son désir soit de le satisfaire. Par contre l'adulte du fait de sa maturité est censé disposer de moyens de compréhension nécessaires à élever « son rejeton » vers le stade d'adulte comme on peut espérer qu'il en fut pour lui. Mais la transmission n'est jamais optimale, comme l'expérience le démontre, combien de pathologies se sont enracinées au cours de ces incompréhensions langagières ? Quel père n'a pas repoussé sa fille qui voulait se faire cajoler alors que devenue une vraie petite femme, sa demande d'amour risquait de faire tourner la tête à ce pauvre homme abasourdi par l'angoisse d'une pulsion interdite, d'un père vers sa fille, au-delà de sa volonté. Elle ne comprenait pas et se sentait rejetée sans raison valable.

Y aurait-il eut même une raison qu'elle puisse accepter, cela ne peut être vécu que comme un refus d'Amour, un rejet, on ne peut logiciser les affects.

Si la place d'un père est parfois difficile, celle de la mère est devenue culturelle dans le Bassin méditerranéen en ce qu'elle peut solliciter son fils, d'être un substitut de son « homme », surtout si le père est insatisfaisant ou décédé. Le successeur est alors vite désigné, le préféré des garçons en fera office. La structure du Sujet se conjugue toujours avec la situation du moment, pour aller vers ces dérives ou y obvier. Ainsi dans une fratrie l'un succombe l'autre pas ; le mot « Amour » est donc un complexe de paramètres lié à l'histoire la plus intime de chacun et il n'y a que ce mot pour « dire », tout dire est donc impossible. On peut étendre cette confusion des langues enfant-adulte à celle entre adultes, dont le manque d'écoute réciproque est toujours source de conflits, nés de malentendus.

Au plan groupal, les interprétations non-capitonnées dérivent et nous conduisent par exemple aux guerres de religion autour d'un même Dieu qui en est le paradigme.

La psychanalyse pourvoirait-elle à ces drames ?

Oui, si seulement « Je » désire et si le Sujet ne s'enferme pas dans un plus de jouir ou complaisance délétère.

Lacan disait qu'il faut qu'il y ait du symbolique pour qu'il y ait du Sujet. L'apprentissage du symbolique est l'apanage de l'enfant dans son parcours pour devenir un adulte. Il n'est plus à faire la plupart du temps entre les déjà adultes. Une fois matures les sujets entre eux découvrent que comprendre l'autre est une gageure car l'impossible à dire du Réel fait appel à des tentatives multiples, autant qu'il y a d'alter en lice, par conséquent il est peu probable qu'on puisse se comprendre entre adultes, seulement en a-t-on une illusion dont seulement certains ne sont pas dupes. Dans les sociétés traditionnelles d'Afrique c'est le corps qui prend plus de place que le langage.

Aux représentations de mots, se substitue autre chose, ici le sens n'est pas restitué par la parole mais par l'image des gestes, le rythme, la musique, enfin le, ressenti et le, montrer, au lieu du dire systématisé. Mais pour la plupart d'entre-nous, on fait avec nos mots notre symbolique-imaginarisé nos belles explications et nos discours. Il n'y a pas de compréhension absolue entre deux personnes, entre deux Sujets (l'empathie est un leurre de notre imaginaire). S'il y a heureusement de l'écoute, du « je vous écoute », du gestuel même si de tout cela chacun

s'essaye d'en faire des outils de compréhension mutuelle dans le cadre de sa culture, de sa langue (plus ou moins riche), ce ne sont que traductions, qu'interprétation subjective : « le vrai ne se transmet pas, le Réel ne peut pas se dire » et chacun y ajoute ses fantasmes.
Ce qui paraît troublant c'est que contrairement aux enfants les adultes au-delà de leurs petites névroses ou singularités semblent être entre eux sur un plan d'égalité de discours en général. Là encore, tout se joue sur des nuances, dites de leur évolution de caractère, de l'histoire personnelle. L'humain souffre toujours du « manque », il lui faut relativiser les choses et les évènements pour en parler. Le peintre, le sculpteur, le photographe, eux non plus ne transmettent pas la réalité : ce qu'ils essayent de transmettre c'est via une interprétation personnelle (appareillée ou non) sans que souvent ils en aient conscience. Lacan reprendra le même thème que Freud et Ferenczi, en le développant en fonction de son apport personnel à la théorie qu'il déplie la généralisant à tous les parlêtres.
« Quant l'amour demande un regard ce qu'il y a de foncièrement insatisfaisant et de toujours manqué, c'est-à-dire que – jamais tu ne me regardes là où je te vois/… /. Inversement ce que je regarde n'est jamais ce que je veux voir /…/. L'objet (a) est quelque chose, dont le sujet pour se constituer, s'est séparé comme organe ; ça vaut comme symbole du manque, c'est-à-dire du phallus non pas en tant que tel, mais en tant qu'il fait manque »[6].

Le Réel ne peut qu'être tamponné comme le proclame la psychanalyse, car le Réel est l'impossible à dire et les mots n'y suffisent pas.
Nous conclurons en constatant, qu'il est flagrant que les parents n'arrivent pas facilement à se faire comprendre

des enfants et que ces derniers n'arrivent pas plus à comprendre les adultes.
Cela fait partie de ce qu'on appelle souvent, « le conflit des générations » que Freud évoqua et que Ferenczi traita avec la confusion des langues. « Langue de l'adulte, langue de l'enfant » où il discerna « le langage de la tendresse et de la passion » chez ce dernier.
Ainsi la langue de l'enfant ne fera qu'illusion d'un savoir d'adulte, face à la langue de son futur alter ego.

*

NOTES

*- Dans la nature les choses sont simples. Lorsque les hormones déclenchent ce que nous nommons en tant qu'humain «désir sexuel», chez le mâle et chez la femelle, il y a la cour des mâles pour féconder une femelle. Chez l'humain le même phénomène biologique se produit, mais à bas bruit car l'humain fait l'amour avec ce qu'il a dans la tête, un désir. La perception animale est peu consciente chez lui ou déniée, à cause des effets surmoïques de la morale et de la culture. Aussi le désir de l'un qui déclenche le désir de l'autre reste obscur. Du domaine d'un *Autre*$_1$ à *l'Autre*$_2$, ou ICS$_1$ à ICS$_2$, il est en outre rejeté par le CS du sujet. Toute l'ambiguïté du « Tu veux ou tu veux pas ? », de la chanson, signe que la femelle-humaine désire mais reste soumise au surmoi, donc se refuse. D'autres fois elle accepte, puis culpabilise, pouvant même accuser son séducteur d'avoir abusé pour se dédouaner de ce conflit névrotique. Enfin tous les cas de figure sont possibles, avec les petits névrosés que nous sommes, homme comme femme.
Mais il semble que pour la majorité des cas c'est le désir vrai c'est-à-dire Inconscient de la femelle-femme qui provoque celui du mâle-homme. On perçoit là toutes les dérives imaginaires qui s'en suivent dans cette « cour spéciale » que se font les humains pour copuler, mais surtout pour jouir.
Tous types de forçages, n'existent pas dans la nature à cause des dispositions favorables ou non d'ordre exclusivement hormonal.
Alors pourquoi, chez les humains y a-t-il des forçages, de vrais viols ? Est-ce d'ordre d'un pulsionnel irrépressible, symptôme de grande névrose ou perversion ?

Il ne faut pas confondre la pathologie psychiatrique, de la vie sexuelle dite normale avec ses fantaisies qui parfois choquent une certaine morale, éducation ou culture. Enfin, est névrotique, ce qui perturbe la vie du sujet ou de son entourage.
Ce qui choquera les uns, ne choquera pas les autres, c'est la raison majeure pour laquelle il est si difficile pour des experts de juger d'une accusation de « viol » même si l'acte s'est effectivement produit.
Où était le vrai désir ?
S'agit-il d'une pulsion incoercible, d'un désir fou ?
On sait comment la justice des hommes considère la folie amoureuse, jusqu'au crime passionnel, tantôt conciliante tantôt intransigeante. Les échanges inconscients de désir à désir, entre deux humains existent à leur insu, ne serait-ce que du côté de leur animalité.
Ce qui fait humain c'est un $\!\!\!S$ujet, parlêtre avec ses rapports à l'autre car derrière l'autre il y a l'$\!\!\!A$utre. Si ces étrangetés surprennent le lecteur qu'il aille retrouver Kate dans *Le serpent à plumes* de D. H. Laurence (Editions du Rocher, 2009), ou plus simplement lire les œuvres de Shakespeare.

**- Empathique, d'empathie : faculté à s'identifier à autrui, et ressentir ce qu'il ressent.
1590 - médecine : de sympathie qui est en relation affine, affection, trouble sympathique qui provoque des douleurs dans un autre endroit. 1903-pathie : - sympathie/antipathie.

BIBLIOGRAPHIE

1- Sandor Ferenczi, *Confusion de langue entre adultes et l'enfant,* Petite Bibliothèque Payot, 2004, p 63

2- A. Padoux, *L'énergie d la parole*, Fata Morgana 1994, p 48-49.

3- Varenka & Olivier Marc, *L'enfant qui se fait naître,* Buchet-Chastel, 1997.
L'embryon mémoire de l'homme, Erès 2009.

4- M. Titran, Spirale, *La Grande Aventure de Monsieur Bébé,* Erès 2011.

5- Freud, *Névrose psychose et perversion,* PUF 1985, note 2 p 65.

6- Lacan, *Les quatre concepts fondamentaux de la psychanalyse,*
Le Seuil, 1973, p 94, 95

De la totoche au tabagisme

En amont de la vie, le foetus à la fin de son existence in utero utilise déjà sa bouche pour jouer avec le liquide qui l'entoure. Plus tard, dès sa naissance, il est relié à la vie par le sein de sa mère. Parfois ce sein est manquant et il débute sa vie avec un ersatz, la tétine d'un biberon, ancêtre de la totoche ou du pouce qu'il aura envie de téter en lieu et place de cette « mère-sein » absentée.
Le fameux « fort-da » freudien est censé permettre à ce bébé encore infans, de symboliser l'absence de cette mère si nécessaire et d'échapper à l'angoisse de son manque. Le goût du lait qu'il a connu, au début de sa courte vie, restera en mémoire, mémoire inconsciente toute sa vie.
La chaleur, la fluidité de cette source de vie qui le fit vivre le rassure encore. Plus tard ne découvrira-t-il pas, dans la fluidité et la chaleur d'une fumée de tabac de pipe ou de cigarette un fugitif souvenir, certes toujours inconscient de cette période oubliée, vécu archaïque ?

Notre thèse ici sera de développer le lien qui unit tous les hommes, ceux de nos cultures très occidentalisées, pour ne pas dire civilisées, (afin d'éviter un discours colonialiste) tout comme ceux de cultures très traditionnellement animistes vivant de façon plus autonomes, agriculteurs ou chasseurs dans zones éloignées d'Afrique ou d'Amazonie par exemple.
Sauvage puis cultivé et manufacturé, le tabac est utilisé par les hommes pour une jouissance mystérieuse.
Pour les « occidentalisés » il semble que c'est un plaisir lié aux produits composant le tabac que l'on fume, pour les autres c'est plus une utilisation magique d'un produit

brut à but d'évasion psychédélique : retrouvailles d'un passé via un monde onirique, un vécu magique. Dans tous les cas, une addiction peut apparaître à son usage, mais l'interprétation de la pratique, qu'on en donne, diffère selon les lieux et les cultures des hommes.

DE QUELLE ADDICTION S'AGIT-IL ?

On sait aujourd'hui que la dépendance à un de ses composants, la nicotine, disparaît très vite au bout d'une semaine d'abstinence environ, alors pourquoi est-il si difficile pour celui ou celle qui s'y adonne de quitter cette pratique de fumer du tabac ?

La biologie n'explique pas tout, la psychologie s'efforce de trouver des causes dans l'histoire du sujet, et la psychanalyse apporte le savoir freudien. Ainsi la vraie question qu'on se pose ici n'est-ce pas le souvenir archaïque, inconscient : le ratage ou les restes d'un « fort-da » ? Quid des souvenirs restés inconscients, de la première tétée, du premier lait chaud et nourrissant ; sont-ils encore agissant des années plus tard ?
La fumée, sa chaleur dans la bouche, son écoulement dans le fond de la gorge y ressemble étrangement, d'autant qu'elle stimule le fumeur de variables façons, que nous allons décomposer pour mieux les comprendre.
Si l'acte, le comportement du fumeur, qui porte à sa bouche cette chose, suçote cet objet, anime fortement son oralité, cet acte se différencie néanmoins de celui du buveur de lait de Bacchus, par son suçotement, mais le lien entre ces deux comportements reste encore l'oralité.

L'oralité, stade primaire de la vie, lieu de survie de notre origine reste vivace toute notre vie avec l'absorption de produits non liquide, nourritures d'après sevrage, ce qui constitue la séparation d'avec la mère. Cela débute de nos jours avec les petits pots, les bouillies..., pour atteindre progressivement chez l'adulte ses différents rapports à la nourriture, de la gourmandise à l'anorexie.

Ne faut-il pas différencier l'acte comportemental le gestuel, du « porter à la bouche », suçotement, manducation, du produit ingéré soit ici le tabac, ou la boisson alcoolisée, le bol alimentaire ou le rien de l'anorexique ?

L'acte est relié à un rituel, qui lui-même est lié à une régression inconsciente du sujet. Quant au produit, il est le fruit d'une culture, et d'un environnement, qui le détermine. L'effet du produit, cause du plaisir, et d'une jouissance innommable reste lié intimement avec la notion d'addiction, de dépendance.

Le produit souvent toxique ajoute sa force à l'acte qui en lui-même n'est que tentative de retrouvailles d'un passé perdu le *Das ding*, la chose maternelle. Ce produit apporte pour sa part une consolation chimique sous forme d'un « plus-de-jouir » qui emporte le sujet hors de la réalité qu'il n'arrive pas à supporter, accepter, ou à symboliser pour atteindre son homéostasie : c'est-à-dire être Sujet du manque, Sujet divisé.

L'addiction au tabagisme fut longtemps banalisée, et entretenue par la fabrication et la vente par les États eux-mêmes (distribution aux soldats de leur ration de « gris ») de ce produit et ses dérivés. Souvenons-nous qu'en ex-URSS il en fut de même, avec la vodka, qui était une récompense offerte aux meilleurs travailleurs, dans les mines de charbon par exemple, où j'ai pu moi-même le constater. C'est une jouissance qu'on flattait, entretenait ici de façon perverse.

Le gestuel qui entretient l'oralité, en ces domaines, reste commun à tous les humains.

ANALYSE DE CES PROCESSUS :

- La première tétée (ou biberons) jusqu'au sevrage.
Passage au langage par le babillage aboutissant au « symbolique » d'un parlêtre.
- Le « fort-da », et l'objet transitionnel de Winnicott.
- L'adulte et ses souvenirs oubliés dans son Inconscient.
- La totôte objet moderne de substitution, la nouvelle cigarette « électronique » sans tabac ou totôte d'adulte.
- Le tabagisme, considéré comme une névrose.

- De la première tétée jusqu'au sevrage.

Nous sommes liés à notre passé, bien au-delà de ce que le commun des mortels soupçonne habituellement, c'est la psychanalyse aujourd'hui qui éclaircit ces questions avec l'apport de chaque « Un », dans sa quête de savoir. Savoir sur soi-même, ce « connais-toi toi-même » né de l'antique passé culturel reformulé avec Freud selon les outils de son époque.
Lacan dans *Littoral 7/8* (Revue de 1983, p 51) insiste sur les conséquences d'un malaise intéroceptif de type labyrinthique qui est allié à l'angoisse, dont le prototype apparaît dans l'asphyxie de la naissance, et au froid de la température extérieure à l'utérus, formant un ensemble d'une tonalité pénible qui dominera les premiers mois de la vie de l'homme, ce prématuré.
Dans *Le Séminaire III* (Le Seuil 1981, p176) il donne une définition de l'inconscient, depuis l'étude des névroses par Freud en tant que registre de la mémoire.
« Le bonhomme, au lieu de se servir des mots, se sert de tout ce qui est à sa disposition, il vide ses poches, il retourne son pantalon, il y met ses fonctions, ses inhibitions, il y entre tout entier, il s'en couvre lui-même

dans le dos du signifiant, c'est lui qui devient le signifiant, son réel ou son imaginaire et entre dans le discours ».
Chez Freud, nous trouvons dans son étude des rêves, *La Traumdeutung* (PUF, 1980 p 340, note-1 de 1905), « Il n'y a pas de pulsion qui ait été depuis l'enfance aussi souvent comprimée que la pulsion sexuelle dans toutes ses composantes ».
Nous abordons ainsi l'oralité comme une fonction de vie, ou de survie dès la sortie de l'utérus maternel. La bouche étant l'équivalent d'un organe sexuel ainsi que la région buccopharigienne dès l'origine de la vie aérienne, (mais nous savons aussi par l'imagerie qu'in utero dans cette vie aquatique il en est de même). Chez l'adulte ces zones, ont cessé d'être le siège de décharges sexuelles, elles sont abandonnées mais subsistent provoquant du plaisir. Ainsi le suçotement est-il lié à une activité sexuelle qui peut donner lieu à des pratiques perverses selon Freud, où se trouve le plaisir de la fellation, de fumer et de boire... Freud ajoute en 1905, que le suçotement qui est un trait essentiel de l'activité sexuelle infantile, n'a pas été reconnu comme tel parce que l'on confond sexualité et génitalité. (A. Delrieux, *Index thématique de Freud,* Anthropos 1997, p 805, 806, 807).
Sucer le sein de la mère, est l'acte le plus important, et le plus archaïque de la vie du petit homme puisque à la fois il satisfait la faim et le plaisir sexuel, ce qui en fait le prototype de l'acte d'amour. Cet acte prototypique du départ de la vie, est un idéal fantasmé inconsciemment, et convoqué particulièrement dans des moments de grands besoins affectifs de toutes sortes, ainsi la voie buccale devient-elle auto-érotique.
Dans nos cultures occidentales, tout comme dans les autres cultures, la mère, du point de vue de l'enfant (si, il pouvait le formuler) n'a jamais donné assez de lait, l'à toujours sevré trop tôt. Le besoin de suçoter tend alors à

engendrer du plaisir indépendamment de l'alimentation, qui de son côté va voir se développer la gourmandise, avec toutes ses variantes et ses raffinements culinaires, du sucré au salé, du doux à l'acide... etc.
Si Freud qualifie l'oralité de sexuelle, il n'est pas le seul, ayant repris les travaux de Linder (1879) sur le suçotement de l'enfant (K. Abraham, *Oeuvres complètes,* tome II, Payot 1989, p12) qui dit que « le renforcement volontaire du plaisir/.../, lors des succions serait l'équivalent de la masturbation génitale par une stimulation d'une zone érogène ». C'est une pulsion partielle, telle qu'on en retrouve l'étude dans toute l'œuvre de Freud.
Pour Winnicott, l'objet transitionnel représente le sein, ou l'objet de la première « réalisation », antérieurement à l'établissement de l'épreuve de réalité permettant de passer d'une manière omnipotente c'est-à-dire magique, à une maîtrise de l'infans par manipulation (P.-L. Assoun, *Dictionnaire des oeuvres psychanalytiques,* PUF 209, p917). De cette expérience illusoire, liée au suçotement originaire Winnicott envisage l'objet de cette pratique comme équivalent au phallus maternel, c'est alors une possession, voie de passage vers un possible fétichisme. Dit autrement, ce serait une sorte de passage entre l'érotisme oral et la relation objectale.

- Du babillage au langage du *parlêtre*.

« Cette chose qu'on appelle un nourrisson n'existe pas. /.../le potentiel inné d'un enfant, ne peut advenir s'il n'est couplé à des soins maternels » (Winnicott, *De la pédiatrie à la psychanalyse,* p. 240, 243). Il s'agit pour cet *infans* de l'humaniser et c'est par sa rencontre avec l'Autre maternel qu'il le fera sous l'effet du langage, avec la langue maternelle il passera d'*infans* à l'enfant. « Immédiatement derrière le sevrage se trouve le sujet plus vaste de la désillusion. Si le sevrage implique un allaitement réussi la désillusion implique, elle, que l'occasion d'avoir des illusions a été donnée ». (Winnicott, *De la pédiatrie à la psychanalyse,* p. 100). Pour Winnicott, le fondement du symbole est tout d'abord « à la fois spontanéité, ou hallucination de l'enfant, et aussi objet externe créé et en fin de compte investi/.../. Entre le nourrisson et l'objet il y a quelque chose, quelque activité ou sensation. Dans la mesure, où cela lie le nourrisson à l'objet a savoir l'objet partiel maternel, les fondements de la formation symbolique se constituent. D'un autre côté, dans la mesure où ce quelque chose sépare au lieu de lier cette fonction aboutit à une formation symbolique bloquée ». (Winnicott, *Distorsion du moi en fonction du vrai et du faux-self,* p. 122-123. & -*Le rôle de la mère- Processus de maturation chez l'enfant*).

Lacan évoque de son côté, ce qu'a de décevant ce jeu symbolique : quand la mère fait défaut, quand elle manque à répondre à la demande de l'enfant, c'est-à-dire à une demande d'amour, celui-ci « s'accroche à son sein /.../ et/.../ tant qu'il l'a dans sa bouche, tant qu'il s'en satisfait, il ne peut en être séparé » (Leçon sur *La relation d'objet,* 6 Janvier 1957).

Le surinvestissement d'une pulsion, sensation orale, vient en compensation de cette frustration d'amour. « L'enfant écrase l'inassouvissement fondamental de la relation, dans la saisie orale avec laquelle il endort le jeu, jeu de la présence-absence » (J. Lacan, *Séminaire la relation d'objet,* 27 Février 1957). Par la suite tous les objets du jeu de ce bébé, peuvent devenir des objets de transition satisfaisants.

- L'objet transitionnel

L'illusion de ne former qu'un avec sa mère s'amenuise, passant dans le langage, il perd le statut d'*infans* pour celui d'enfant. Durant les premiers mois de sa vie, le nourrisson n'a pas conscience selon nos concepts d'adultes, des limites de son propre corps qu'il perçoit comme confondu avec celui de sa mère. C'est ce que Winnicott a appelé « l'illusion », où l'enfant n'aurait pas encore conscience de lui-même ni de l'autre, il n'y aurait pas à ce stade de différenciation perceptible, elle et lui ne formant qu'un, il est d'autre part en état de dépendance absolue avec cette femme qui répond à tous ses besoins presque instantanément. La désillusion progressive qui est la constitution de son autonomie, dès quatre mois lui permet de commencer à prendre conscience qu'il est une personne, qu'il ne constitue pas un tout avec sa mère et qu'ils peuvent donc être séparés ; ce qui adviendra avec le sevrage vers treize mois environ.
Il peut alors de cette manière choisir un objet, qui le rassure, sorte de refuge pour retrouver une sensation de sécurité, comme un petit bout de maman, de son nid ou du cocon familial. Ainsi naît le « merveilleux doudou », aux multiples pouvoirs, qui par sa force d'évocation l'aide à opérer une transition vers un nouveau stade d'évolution. Ce doudou, va agir comme un intermédiaire constant et rassurant qui donnera à l'enfant de la force pour affronter le monde dans les moments de solitude.
La future cigarette ne sera-t-elle pas un doudou ?
Cependant tous les enfants n'ont pas besoin de doudou, ils peuvent trouver ailleurs le réconfort avec un autre objet de substitution. Ils sucent leur pouce en tournicotant leurs mèches de cheveux, ou aujourd'hui une tétine est mise à leur disposition par les adultes, qui bien souvent ne recherchent que la tranquillité, sans se soucier des

effets secondaires d'un tel procédé qui bloque leur babillage.

- Le lait maternel, les souvenirs oubliés.

Le lait maternel répond parfaitement aux besoins nutritionnels du nouveau-né, car il ajuste sa composition au fil des mois en fonction des besoins du bébé. Ainsi de sa naissance, à six mois, le lait maternel évolue en permanence et suffit en général à combler tous les besoins. Du septième au douzième mois la composition du lait maternel reflète un régime alimentaire en évolution constante. À partir du treizième mois, l'enfant est en route vers une alimentation solide, qui se rapproche de celle des adultes, c'est la période de sevrage qui s'installe.
En nourrissant son bébé au sein, la mère s'adapte en temps réel, à l'évolution de son enfant dès sa naissance sans le savoir. Ainsi le lait des femmes qui accouchent avant terme est plus riche en acides gras essentiels, afin de répondre aux besoins importants de la maturation cérébrale du petit prématuré.
Au fil des jours et des semaines la biologie de la mère modifie la composition de son lait et dans celle-ci un élément a retenu notre attention, l'existence de cannabinoïdes[1] dans la composition de celui-ci. La connotation de ce composant nous intrigue, depuis que le cannabis est connu et utilisé comme le tabac à des fins de toxicomanie. En est-il de même pour les bébés nourris au biberon avec des laits artificiels, dits maternisés ?
Reçoivent-ils aussi des cannabinoïdes, et quels effets rémanents ou souvenir du corps s'il en est, plus tard chez l'adulte, animeront une dépendance ? Ce composant maintient l'homéostasie du corps. Durant la phase utérine, le bébé n'a pas de prise alimentaire autonome,

étant donné qu'il est nourri à travers le cordon ombilical, c'est donc dès la première alimentation lactée maternelle qu'il en bénéficie. Il en reçoit sa première « dose », avec le lait de sa mère, ce qui sert à stimuler la faim et lui apprendre à manger, c'est un initiateur de l'oralité. Par ailleurs l'effet analgésique des cannabinoïdes est connu de longue date, mais le mécanisme de la douleur au niveau moléculaire et ses interactions liées à ce système n'a été reconnu que depuis peu.
Il existe aussi des intersections, entre le système des cannabinoïdes et celui des opiacés versus endorphines avec une synergie dans le sens d'un renforcement mutuel. On peut supposer que de tels éléments biologiques ne restent pas oubliés, (voir la mémoire du corps) et qu'une prise de « certains produits » à l'âge adulte peut rappeler cette synergie, se cumulant avec la jouissance du suçotement et le souvenir du liquide vital par la voie bucco-œsophagienne via la fumée.

Pour sa part, la nicotine[2] augmente la dépense énergétique, inhibe la sécrétion d'insuline, ce qui augmente la glycémie et produit un effet coupe-faim.
Si la nicotine agit sur pratiquement tous les systèmes physiologiques de l'organisme : cerveau, circulation sanguine, sécrétions hormonales...etc., elle n'est pas reconnue à ce jour comme responsable des cancers induits par le tabagisme. Ce sont les substances contenues dans sa fumée, hydrocarbures, métaux lourds, nitrosamines, famille des goudrons qui favorisent les cancers, ceux du poumon, de la vessie, de l'œsophage, du côlon, de l'ovaire, et bien d'autres de manière indirecte.
Il faut signaler que le tabac manufacturé, vendu dans notre hexagone, est une drogue dure où l'ammoniaque et le cacao rajoutés dans la fabrication des cigarettes dilatent les bronches, afin que la nicotine soit mieux absorbée, et

que le fumeur soit de plus en plus dépendant. Cette pratique perverse reste encore légale à ce jour.
Si la fumée apporte, des substances cancérigènes dans le système respiratoire et cardio-vasculaire, paradoxalement des cellules endommagées par la fumée meurent, ce qui est un effet désirable car celles-ci sont détruites avant de pouvoir se transformer en cellules cancéreuses.
Pour conclure, la fumée de tabac est classée cancérigène par l'instance européenne de la santé, et si le sevrage de la nicotine ne pose pas de problème majeur, le tabagisme dans son ensemble est très difficile à éradiquer sans qu'un « déclic » intérieur au sujet ne le motive pour aboutir à une cure réussie.

- La totôte, la cigarette : objets de substitution.

La tétine ou totôte c'est quoi exactement ?
Jadis des anneaux de dentition ou des hochets à bouts ronds remplaçaient les tétines actuelles.
De nos jours, sucettes et tétines, sont constituées de bouts de silicone ou de caoutchouc, des tétines en latex plus mous sont proposées mais moins fiables. Les tétines modernes sont officiellement sans danger d'utilisation sauf que celles-ci posent le problème d'une prolongation du lien à la mère dont le sevrage a une valeur symbolique de séparation afin que le bébé advienne un Sujet à part entière comme parlêtre.
Notons qu'il existe aussi, dans le commerce, des sucettes dites « orthogénétiques » spécialement conçues pour aider la formation des dents et combattre l'usage du pouce, mais ceci est à but orthopédique. Aux yeux des parents et des familles le principal intérêt de la tétine est souvent de calmer l'enfant et de l'aider à s'endormir, ainsi sucer une tétine permet-il d'apaiser d'éventuels chagrins, de petites souffrances, voir des angoisses toujours

indicibles. L'usage chez les prématurés, de sucer une tétine semble vraiment les aider, des études ont démontré qu'ils passent plus vite au biberon et boivent de manière plus efficace s'ils ont été habitués ainsi. Mais des effets secondaires apparaissent, tels des difficultés d'élocution, cet objet empêchant le bébé de babiller, étape importante dans l'apprentissage de la parole. Quelle que soit la raison, l'utilisation de la tétine au quotidien reste liée à l'arrêt de l'allaitement avant souvent trois mois, ce qui représente à nos yeux un faux sevrage, c'est-à-dire avant terme Par ailleurs, n'oublions pas que l'OMS (Organisation Mondiale de la Santé) recommande à toutes les mamans l'allaitement exclusivement au sein pendant six mois au moins, cette pratique apportant un maximum de garanties et de bienfaits au développement du bébé.

Ce conseil rejoint nos traditions perdues mais encore en pratique loin de chez nous, souvent dans le tiers ou quart-monde, avec ceux qui ont encore échappé au rythme de notre mondialisation. Là, on voit les mères porter leur enfant et l'allaiter tout en travaillant aux champs jusqu'à dix-huit mois ou plus selon les régions (comme dans nos campagnes lorsque le rythme de la vie était différent).

Il faut remarquer en 2012, l'apparition commerciale d'une « totote pour adulte », la cigarette dite électronique, sans tabac, qui permet à un ex-fumeur, de conserver son addiction au suçotement sans avoir les risques toxiques des goudrons et même de se déshabituer de la fumée ce qui est également important pour son entourage !

- Le tabagisme comme une psychonévrose ?

Si tous les humains ont eu un même parcours, en ce sens qu'ils ont une mère et sont nés de cette femme, ils ont une histoire, un vécu non identique. Serait-ce là une raison

pour laquelle certains ultérieurement fument alors que d'autres ne sont pas attirés par cette pratique ?
Un rapprochement avec l'étude des névroses ne peut-il pas nous donner une piste pour comprendre les causes de ces différences : les ratages, les hiatus dans le parcours en bas âge n'expliquent-ils pas ce besoin, tout comme les souffrances psychonévrotiques furent étudiées par Freud et ses élèves, au cours d'études cliniques au cas par cas ?

Il y a quelques années avant la mise en application du décret sur le tabac (loi Evin), nous avions participé à des cures anti-tabac nommées à l'époque « Cure oxygène » par le Comité national contre le tabagisme (CNCT) durant plusieurs années. Cette expérience nous a appris à dissocier la pratique gestuelle, du produit et son usage. Ainsi nous avons pu constater que le sevrage à la nicotine ne posait pas de problème, par contre le lien qui s'était instauré entre cette molécule et l'habitude de fumer nous a conduit à utiliser des patchs à la nicotine ou des nicorettes à sucer afin de déshabituer progressivement le patient de l'ensemble, objet et produit. Mais ce n'était pas très concluant, le gestuel entretenait en fait plus d'addiction que la nicotine[2] dont la rémission s'obtient en moins de 3 semaines.
Ce gestuel fut traité alors par une thérapie brève comportementale, durant laquelle nous fûmes confrontés à des besoins oraux divers : besoin de sucrerie, accroissement de la gourmandise, peur de grossir (effet de la disparition de la nicotine qui augmente la dépense énergique d'environ 200 kcal). Un changement d'habitudes fut donc proposé systématiquement, par exemple : dissocier le café du matin de l'ex-première cigarette, passer à une autre boisson ou changer de cadre de petit-déjeuner. Accompagner celui-ci d'autres produits gustatifs, développer la diversité des goûts... etc.

Des conseils comme boire de l'eau gazeuse lors de chaque besoin avéré de fumer ou croquer dans une pomme verte acide, avaient pour but de développer un autre aspect de leur oralité, de rééduquer le palais et nous avons perçu alors que diriger, canaliser cette oralité vers d'autres manducations que la succion présentait rapidement une évolution favorable, d'autant que la réapparition du goût, des sensations gustatives fines qui avaient disparu étaient rapidement redécouvertes.

Inexorablement tout passe par la bouche et rappelle le lait maternel à jamais perdu. Le suçotement du sein, du pouce et de tout autre objet devenu de substitution, cet amalgame est vraisemblablement la cause du succès actuel de ces cigarettes sans tabac, sans fumée.
Un travail de psychothérapie collective était pratiqué plus couramment qu'individuellement mais il semblait néanmoins qu'une partie régressive apparaissait toujours chez ceux qui acceptaient ce travail. Nous avons alors proposé une véritable psychothérapie individuelle lorsque c'était possible. Ce qui fit apparaître par abréactions, les causes de moments de panique chez les inquiets, ainsi les fragilités que la toxicomanie tamponne comme un « chichi, une totote » plus ou moins chimique, masturbation primitive pour calmer en amont une angoisse hors parole dans des temps anciens : ce qui fit ressortir l'archéologie du sujet. Reste que ces travaux individuels étaient l'exception.

Pour conclure

Si l'addiction est un besoin répétitif où l'obssessionalité de cette pratique est d'apaiser une situation anxiogène plutôt consciente. Cet acte calme, détourne l'angoisse

naissante par un état donnant au sujet l'impression de pouvoir gérer la situation ou l'apaiser suffisamment pour denier son existence pénible voir phobogène. La métaphore du couvercle qui bouche le trou de l'angoisse, dans lequel on craint de tomber (Alice et le puits sans fin) coïncide avec celle de la vie qui est un long chemin pas toujours débroussaillé qu'il faut aménager pour avancer, écarter les obstacles ou les franchir. Esclave de sa pratique, celui-ci utilisera ce subterfuge systématiquement face à un type d'obstacle qu'il rencontre sur sa route. Il niera même l'existence de l'obstacle puisqu'il dispose du remède. La part du toxique, la nicotine a un pouvoir psycho-stimulant intellectuel et dans beaucoup de cas, le fumeur a des pratiques adjacentes, par exemple le café du matin avec la première clope, autre stimulant qui s'ajoute et dont le couple ainsi formé est difficile à dissocier, chez d'autres ce seront les boissons alcoolisées.
Avec l'usage du tabac sauvage dans des cultures éloignées de la nôtre, cette pratique est vécue comme une évasion onirique voire psychédélique qui relie le fumeur aux mondes magiques, inatteignables en temps normal, je veux dire celui des rêves et de l'inconscient, soit pour lui « le monde des esprits », autre manière de pratiquer des retrouvailles (voir l'usage des calumets).

Dans notre hexagone, beaucoup de fumeurs expriment un besoin de plaisir distinct des plaisirs de la table, mais toujours dans l'oralité. Il semble qu'à partir de nos hypothèses de départ, ces moments de plaisir se conjuguent toujours avec celui très ancien de retrouver la communion avec « Das ding », cette entité à jamais perdue dont le souvenir est logé de manière fantasmatique dans l'inconscient du sujet. C'est aussi l'exemple de la bonne mère de M. Klein, cette mère imaginaire qui n'existe que dans la théorie ou les fantasmes, tout comme peut l'être le bon père loin de sa propre existence réelle.

Nous retrouvons là, les constructions de chacun dans le cadre de sa « psychogenèse », dès le début de la vie où se développe son Imaginaire.

Du suçotement, paradigmatique de l'oralité, surgit chez l'adulte la survivance d'une pulsion partielle originelle et irréductible. « Ce n'est pas le sein, mais la pointe du sein qui est essentielle, le *nipple.* C'est à lui que se substitue et se superpose le phallus ». (J. Lacan, *Seminaire IV*, Le Seuil 1994, p126). Dès lors, l'objet à fumer ce tabac, à pétuner, c'est-à-dire la cigarette, le cigare ou la pipe, sont ainsi fétichisés, lorsqu'on le considère hors produit, ce qui induit « une singulière relation du sujet à un objet qui n'en est pas un » dit encore Lacan (*Seminaire IV,* p 154,*).*

Ainsi fumer devient un symptôme névrotique et les traitements préconisés sont de l'ordre de ceux, utilisés par Freud pour traiter les psychonévroses.

Ce qui nous ramène à envisager le tabagisme sur deux plans, l'un névrotique, l'autre toxique avec la nicotine dans un premier temps puis les innombrables (500) composants dénombrés qui en font une fumée dangereuse et cancérigène, en particulier en ce qui concerne les tabacs manufacturés.

C'est la raison pour laquelle l'abstinence est requise, tant pour les fumeurs que pour ceux qui respirent ces fumées.

Le problème de l'entourage devient vite une question d'éthique sociale. La loi impose ce que les hommes auraient dû concevoir, mais la jouissance n'a pas de loi si ce n'est : « jouis ! »

Dans son texte, *La sexualité dans l'étiologie des névroses* (1896), Freud avance que les narcotiques sont destinés à jouer le rôle de substituts, directs ou indirects de la jouissance sexuelle manquante : l'équivalent d'une masturbation. Là où on ne peut plus avoir une vie sexuelle normale et satisfaisante, on peut dès lors s'attendre avec certitude à la rechute du désintoxiqué.

Mais certains fumeurs ne s'en plaignent pas et ne craignent pas ou semblent ignorer ces effets délétères, véritable jouissance iatrogène.
Citons parmi que les plus célèbres fumeurs invétérés, nous reconnaissons Freud[3] et Lacan avec leurs cigares.

- « Freud fut dépendant du tabac toute sa vie. Cette addiction est d'ailleurs l'un des thèmes essentiels de sa correspondance avec son ami otho rhino laryngologiste Wilhelm Fliess. Il avait commencé à fumer des cigarettes à l'âge de 24 ans, puis s'était mis définitivement aux cigares, les « Soberanos » et les « Trabuccos ». Vers l'âge de 38 ans, sous les injonctions de ses amis médecins, il tenta d'arrêter. Mais entre rechutes et reprises, il ne cessa de fumer qu'environ dix-huit mois, malgré son cancer »[4].

- Lacan et ses fameux « punch culebras », qui font penser à des figures borroméennes, était-ce conscient chez lui ?
Ce qui démontre que nul n'est parfait. La raison ne peut lutter contre une addiction, il faut un vrai désir pour arrêter de fumer et se faire prendre en charge, l'autre n'y peut rien sans cette impulsion qui vient de l'intérieur du Sujet. De l'Autre sûrement.

*

NOTES

1- Note d'information extraite des connaissances actuelles à disposition dans les revues scientifiques :

Les cannabinoïdes sont de trois types :
Les cannabinoïdes végétaux présents dans le cannabis.
Les cannabinoïdes endogènes sécrétés par l'organisme humain.
Les cannabinoïdes synthétiques élaborés en laboratoires.
Les cannabinoïdes naturels agissent sur l'organisme de manière similaire aux endocannabinoïdes, tout comme les vitamines C et E ce sont des capteurs puissants de radicaux libres.

C'est en 1990 que deux types de récepteurs furent découverts.

a- (CB1_1) qui se situe dans le système nerveux central, mais aussi en plus petite quantité dans le système périphérique.
Au niveau central on en trouve dans l'*hippocampe,* dans le *cortex associatif,* dans le *cervelet,* les *ganglions de la base* et dans la moelle épinière.
Au niveau périphérique il y en a dans les poumons, dans le système gastro-intestinal, l'utérus et les testicules.
Ce type de récepteur est couplé aux protéines (G), principalement pré-synaptique c'est-à-dire situé dans l'extrémité distale de l 'axone du neurone.

b- (CB2) se retrouve dans certaines parties du système immunitaire comme la rate.
Les récepteurs (CB-1) sont responsables d'effets euphoriques et anti-convulsifs du cannabis, quant aux les récepteurs (CB-2) ils sont responsables d'effets anti-inflammatoires.
L'équipe de G. Marsicano, chargée de recherches à l'INSERM, unité 862, *Neurocentre Magendie,* à l'université de Bordeaux est en collaboration avec l'équipe de *Xia Zhang* de l'université d'Ottawa au Canada ont mis au jour le mécanisme de ces substances agissantes sur la mémoire active. Les effets délétères des cannabinoïdes s'exercent via les récepteurs localisés sur les cellules gliales, ces effets sont associé à une diminution des connections neuronales dans l'hippocampe (les résultats sont publiés dans *la revue Cell* du 2 mars 2012).
Souvent des fumeurs mélangent tabac et cannabis, fumer trois joints de cannabis équivaut à fumer un paquet de cigarettes, et la fumée de cannabis contient sept fois plus de goudrons toxiques et de monoxyde de carbone que celle du tabac. D'autre part, le joint de résine de cannabis fait inhaler deux fois plus de benzènes et trois fois plus de toluène.

2- À la fin du XVIIe siècle, en 1752 Brogiani définit une méthode de production d'une huile toxique tirée du tabac et son caractère létal pour les animaux. Vauquelin montra la présence de nicotine dans cette huile en 1809 mais ce furent W. Posselt et L. Reinmann qui isoleront la nicotine en 1823. La nicotine est un poison violent, facilement absorbé par les muqueuses et mortel à des doses de quelques milligrammes.
Elle possède néanmoins une double action stimulante et sédative selon la dose administrée. Elle stimule dans un premier temps la libération d'adrénaline se traduisant par une accélération cardiaque, de la respiratoire et une augmentation de la pression artérielle. Dans un second temps, elle provoque une bradycardie. Elle provoque de plus une libération de dopamine dans le système de récompense du cerveau, responsable du plaisir ressenti à l'usage du tabac.
À haute dose, elle agit comme curarisant, bloquant la contraction des muscles entraînant une dépression respiratoire.
En Afrique, souvent les chasseurs de crocodiles l'employaient sur leurs fléchettes afin de ne pas abîmer la peau des bêtes.
Dans le tabac, la nicotine procure une poussée d'énergie plus grande qu'une tasse de café, elle s'infiltre dans le cerveau beaucoup plus rapidement que la plupart des autres substances : en moins de 10 secondes après une bouffée de cigarette. C'est le principal alcaloïde du tabac : (S)-3-(1-méthyl-pyrrolidin-2-yl)-pyridine. D'un point de vue purement chimique, la nicotine naturelle possède globalement les mêmes effets que son analogue synthétique, la (+)-(R) nicotine..

À faible dose, dans la cigarette, la nicotine a un effet stimulant, provoquant une augmentation de la pression artérielle et du rythme cardiaque, induit la libération d'adrénaline et réduit l'appétit. À haute dose, elle provoque des nausées et vomissements puis la mort par paralysie respiratoire. Quand la fumée est inhalée, une partie de la nicotine qu'elle contient est absorbée (résorbée) par les capillaires sanguins des poumons. Après un court passage dans le cœur gauche, elle arrive en 15 secondes au cerveau, sans passer par le système porto-hépatique, elle n'est donc pas filtrée, ce qui explique un effet particulièrement marqué sur le système nerveux central.

Il faut distinguer la nicotine inhalée et la nicotine ingérée

Lorsqu'il est question d'évaluer le tabagisme passif, il est courant de mesurer les concentrations sanguines de nicotine et de la cotinine son métabolite. De telles mesures ont conduit à la découverte d'un autre facteur, la consommation alimentaire de nicotine. En effet, les solanacées comme la pomme de terre la tomate l'aubergine, contiennent de la nicotine de forme naturelle en faible quantité. Cet alcaloïde est présent dans les plantes de la famille des solanacées comme notamment dans les feuilles de tabac (jusqu'à 5 % du poids des feuilles). Sa fonction dans la nature est de protéger la plante contre les insectes, et elle fut longtemps employée comme insecticide.

Ainsi, à titre de curiosité : pour ingérer autant de nicotine qu'inhalée par tabagisme passif durant trois heures dans une pièce enfumée, il faudrait consommer : 260 g de chou-fleur, 10 g d'aubergine, 140 g de pomme de terre, 240 g de tomate mûre !

3- Philippe Grimbert, *Pas de fumée sans Freud – Psychanalyse du tabac*, Hachette Littératures.

4- Michèle Freud (sophrologue, directrice de l'école de sophrologie).

***

Corps de jouissance Jouissance de corps

Les limites d'une analyse

La souffrance tient une place considérable dans la Bible. Les récits les plus connus et servant de support à la jouissance touchent de près ou de loin à la souffrance humaine : Abraham, Caïn, Job, les prophètes, avec un point culminant à Golgotha, sans oublier les souffrances à venir de l'Apocalypse. La Bible présente la souffrance telle qu'elle est vécue dans la vie quotidienne par les humains, d'une jouissance les renvoyant à leur relation à Dieu. « *Il dit à la femme : j'augmenterai la souffrance de tes grossesses, tu enfanteras avec douleur* »

Genèse (3.16)

Lacan au cours de son « retour à Freud » a scruté l'ensemble des théories freudiennes. En a émergé particulièrement celle de la jouissance avec laquelle il repensa le fantasme puis le symptôme dans leur ensemble. Dès 1970, il commença à parler du symptôme en rapport avec le corps et d'une pure jouissance, allusion à un reste, comme un Réel car ce reste insiste, il est indivisible invariant, c'est l'expression de la pulsion liée au corps. C'est alors qu'il quitte en partie le structuralisme linguistique pour un monisme où symptôme et fantasme vont se conjoindre.

Le symptôme, sa face de satisfaction est un évènement de corps plus un avènement de jouissance. Deux faces, l'une où le sens est à déchiffrer, l'autre qui est pure jouissance. Dans le fantasme se lit la fonction de nouage, du symbolique, de l'imaginaire (*a*), et du Réel (a), ainsi que sa fonction de protection contre l'horreur indicible du Réel. On quitte donc une époque pour une autre où l'on conçoit une équivalence, entre significations et satisfaction, d'où

le « Witz » où sens et jouis s'écrivent « jouis sens » nouveau concept réunissant dans ce qui pourrait être un néologisme lacanien, symptôme et fantasme.
Mais ce *Sinthome* est d'écriture ancienne, celle de l'an 1550 qui fait retour à l'origine du sens, ainsi jouissance et corps se retrouvent-ils en fin de cure autour du *Sinthome,* conçu non seulement par le fait que notre désir inconscient est constitué par notre rapport aux mots, mais aussi au sens de satisfaction d'une pulsion dont le corps jouit, ce qui est impensable sans lui. C'est l'interprétation du symptôme revisité dès 1975 par Lacan lorsqu'il écrit « Le symptôme, c'est l'effet du symbolique dans le Réel », il s'agit de jouissance, de Réel, c'est-à-dire d'un hors sens qui échappe à toute signification qui n'en serait qu'enveloppe ou packaging. Avec Freud le Réel était du côté du biologique, puis Lacan le rechercha du côté du symbolique, par opposition à l'imaginaire, pour in fine avec le *Séminaire sur l'éthique (Livre VII,* Paris, Le Seuil), définir le Réel avec un grand R, du côté de « Das ding », pure relation d'espace, impossible à dire, c'est ce qui ne peut être complètement symbolisé dans la parole ou l'écriture et par conséquent, ne cesse pas de ne pas s'écrire.
Lacan émet alors l'hypothèse d'un noeud, à quatre temps : (RSI) plus un quatrième rond - le symptôme. Mais comme l'un des buts de la cure est de faire disparaître les symptômes faut-il supprimer ce quatrième rond ?
Lacan élabore alors le concept de *Sinthome* signifiant ainsi une modification, un changement, une réduction jusqu'à ce reste possible de jouissance et de désir. Cette nouvelle approche des symptômes en ce qu'il en reste à la fin d'une cure se trouve donc orientée vers le Réel. C'est un mode final de jouissance acéphale que propose Lacan par opposition au « Roc de la castration » de Freud.

Ce *Sinthome* est un incurable car dépouillé de la gangue de significations imputées préalablement à tous les symptômes comme dans l'approche freudienne.
Une psychanalyse lacanienne in fine se résumerait alors comme l'exploration de l'inconscient et de ses formations pour lever les symptômes chiffrables (cure freudienne) mais dont il y a un reste ou *Sinthome* là où ça ne parle plus mais ou ça jouit.
Jouissance de corps, jouissance phallique ou autre mais passant toujours par le corps du Sujet.
C'est une jouissance indicible, elle se déduit de ce qui oriente désormais le sujet dans l'existence, elle réside en une tension qui porte vers une satisfaction de la pulsion, elle n'est pas à confondre avec le plaisir, principe de réduction des tensions. Cette jouissance s'enracine dans un au-delà du principe de plaisir, où Freud discernait le fondement des phénomènes de répétition. La jouissance n'est pas spécialement agréable sa tension s'apparente davantage au déplaisir, on parle alors de position de jouissance, expression désignant la répétition d'un symptôme révélateur de la position subjective du Sujet comme façon d'être au monde. D'autre part le droit de jouissance, terme juridique notarié signifie la possession et le droit d'usage au sens large du terme, et depuis Lacan, il désigne, si elle existait, la satisfaction complète des pulsions érotiques et de destruction. On ne peut penser cette notion que comme défaut c'est pourquoi la théorie lacanienne la déduit comme un plaisir paradoxal (voir le film *La grande bouffe* de Marco Ferreri illustrant l'au-delà du principe de plaisir et la pulsion de mort).
Selon les formules de la sexuation développées par Lacan la jouissance côté hommes est limitée par le fait de la castration symbolique, mais côté femmes, où elles ne sont « pas toutes castrées », il leur suppose une jouissance au-delà. Celle-ci semble avoir été exprimée par des

mystiques comme Saint Jean de la Croix ou Sainte Thérèse d'Avila qui en termes d'ineffable, d'impossible à dire nous ont transmis quelque chose de leurs expériences mystiques. Ainsi la jouissance humaine est-elle irréductiblement marquée par le manque côté masculin, le phallus étant le signifiant de ce hiatus, et du côté féminin une division entre ce repère phallique et une jouissance de l'Autre ayant rapport avec un Réel.

Notre destin n'est-il pas notre inconscient (Ⱥ), et les enchaînements d'évènements qui l'ont marqué ?

Ne devons-nous pas nous les réapproprier, ce qui marque en partie la réussite d'une d'analyse ? Mais devant le paradoxe, il n'y a pas de Pourquoi ? Rien que de la contingence, c'est à dire des faits accidentels, casuels, soumis aux enchaînements des causes et des effets. C'est la raison pour laquelle nous sommes amenés à différencier un inconscient freudien d'un inconscient lacanien dans cette démarche : un (ICS) freudien qui est « structuré comme un langage » dixit Lacan, d'un (ICS) lacanien qui serait du côté du Réel.

On passe donc de Freud à Lacan par l'usure des glissements de sens, ou d'interprétation, à un autre sans butée possible sauf d'admettre celle d'un symptôme du côté Réel : le *Sinthome,* avec sa face hors sens de jouissance. Le néologisme lacanien de *parlêtre* ferait alors l'affaire d'un nouveau nom de cet (ICS) lacanien où la succession des interprétations conduisant à un savoir inconscient tendrait vers l'infini, alimentant ainsi une jouissance de la parole passant au niveau du corps.

Nous voyons qu'avec le dernier Lacan c'est le passage du paradigme du Symbolique vers un certain déclin pour aborder le rivage du Réel, qui est contingent et hors sens qui se répète comme une butée, telle la butée mécanique d'embrayage d'un véhicule automobile.

Les deux conceptions d'inconscient sont deux thèses qui, loin de s'annuler, au contraire se succèdent sans que la première soit caduque pour autant, ceci formant comme un parcours initiatique à la cure qui a cette finalité.
Lacan reste après Freud mais Freud demeure le concepteur de la psychanalyse dont seule la praxis peut être modifiée. Alors est-ce la fin de l'ère des interprétations, comme certains le croient, ou peut-être que seule la fin de la cure s'en trouverait concernée ?
Luisa von Karpinska, Herbart, Fechner, Weber, Meynert, Griesinger, Bernfeld, G.A. Linder, Brück, ...etc, et j'en oublie, furent parmi ceux qui ont à cette « Époque des Lumières » perçu les prémices de ce que Freud mit en forme en inventant la psychanalyse. Ses successeurs moins nombreux adjoignirent leur talent à faire évoluer cette thérapie d'exception pour que chacun retrouve l'homéostasie qu'il peut atteindre. Serait-ce là « la fin d'une analyse ? » La quête d'homéostasie ne conduit pas seulement à l'illusion d'un hédonisme, mais rencontre l'implacable de la jouissance, barrée nécessairement limitée par la vie, car la vie « c'est vivre ».
Si depuis Freud la psychanalyse issue d'un sujet moïque ouvrit à Lacan un accès à un Sujet ($) de l'inconscient différent du sujet du début des travaux freudiens, l'érudition dans ce domaine n'a d'intérêt que si elle ouvre l'esprit à ceux qui lui succèdent. Mais si ce n'est que répéter et montrer du savoir, ce n'est que temps perdu et vanité. Freud s'était posé la question :
« Qu'est-ce qu'ils vont faire de ma doctrine après ma mort ? Ressemblera-t-elle à ma pensée ? »[2]
Depuis Freud, ses élèves et successeurs, chaque analyste suit son parcours personnel et en développe les conséquences en fonction de ses acquis.
La psychanalyse orthodoxe, (IPA puis SPP) s'est construite sur un ensemble de protocoles avec une

doctrine rigoureuse échappant à la souplesse de l'enseignement et de l'esprit original de son inventeur. Il fallut attendre 2010, avec la parution entre autres[1] de l'ouvrage de Manfred Pohlen - *En analyse avec Freud*, relatant la cure d'Ernst Blum en 1922 pour avoir accès à un authentique travail de Freud avec un patient en direct, à partir des notes personnelles de cet analysant, séance après séance.
Ici nous découvrons un praticien, plein de bon sens, n'hésitant pas à intervenir, plein d'idées et d'humour sur la base parfois même d'un dialogue avec son analysant. Ces procès-verbaux mettent en lumière ce que Freud avait recommandé aux jeunes futurs analystes : c'est-à-dire de repartir de zéro devant chaque nouveau cas, on peut même en inférer qu'il y a autant de psychanalystes que de patients : à chacun le sien, sans protocole ni standard.
Du Un par Un dans tous les cas et pour le patient et pour l'analyste. Ainsi y a-t-il autant de psychanalyses que de psychanalystes, comme autant de psychanalyses que de patients en analyse.
La psychanalyse n'existe donc pas et *L'analysant* non plus. Ce n'est pas du nouveau, mais du bon sens : « Les gens changent suivant la façon dont leur corps répond aux affects, c'est la complaisance somatique de Freud. Herbart qualifie cela, de « résonance physiologique » qui aboutit à une « condensation des affects dans le système nerveux »[3].
Les processus psychiques se caractérisent par une recherche d'équilibre c'est l'homéostasie ou principe de constance. Depuis longtemps on a tôt-fait de voir les praticiens se grouper en chapelles ou en instituts s'opposant les uns aux autres car chacun s'est arrogé son orthodoxie, et, on a eu vite fait de montrer du doigt, ou pire d'ignorer, en forme d'exclusion celui qui s'écartait des « grands principes ». Quels sont-ils, ces grands principes, ceux de Freud ou ceux de Lacan ?

Ceux qu'ils pratiquaient de leur vivant ? Ou ceux que croient transmettre après eux, les survivants, leurs commentateurs ? Le problème ainsi posé n'est pas simple, mais dénote un besoin continuel de retour aux sources, sinon nous risquerions le cumul des déformations qui s'amoncellent avec rigidité, la généralisation des savoirs, là où des méthodes feraient loi. Après la pensée unique la méthode unique, la nôtre bien sûr.

La psychanalyse ne fabrique pas des sages, ça se saurait et jusqu'à preuve du contraire le gène de la sagesse n'a pas encore été découvert. Aussi doit-on réinventer « une psychanalyse » à chaque nouveau patient qui exprime son désir de se mettre au travail, car « *La* » psychanalyse n'existe pas sous forme d'un modèle de pratique de cure standardisée. Notre pratique se supporte d'expériences, on expérimente un nouveau lien, avec chaque patient et l'on ne théorise qu'ensuite si c'est nécessaire. Freud lui-même, avait conseillé cette sagesse. C'est pourquoi le dernier Lacan n'exclut ni ne rejette, les fondations axiomatiques de la pratique freudienne utilisée selon l'inspiration qu'en fait chaque analyste. Ainsi il n'y a d'analyse à minima, que si on travaille avec l'inconscient (ICS) du Sujet que le concept soit freudien ou lacanien, qu'on accepte l'étiologie sexuelle des névroses, la loi du désir /…/, l'apport de la jouissance de Lacan/…/, c'est-à-dire un certain corpus psychanalytique en évolution qu'il faut métaboliser tout en restant ouvert à la clinique au cas par cas.

La psychanalyse dont Lacan martelait haut et fort : « je suis freudien », il l'a revisitée jusqu'à la fin de sa vie en y adjoignant de nouvelles visées, en particulier celle du Réel avec son sinthome, comme nouveau point de butée après la traversée du fantasme, nouveau « Roc » remplaçant celui de la castration émis par Freud comme fin de cure.

Chaque analyste doit donc avec son analyse personnelle et l'enseignement qui lui est acquis, offrir à chacun de ses analysants le meilleur de ce qu'il peut pour le conduire à une fin de travail, ou mieux à une fin de cure.
Les « contrôles » auxquels il a accès auprès de ses pères sont là pour l'y aider. Mais nul n'est parfait, et un analyste ne peut aller au-delà de ce qu'il a lui-même atteint.

*

NOTES

1- Smiley-Blanton, *Journal de mon analyse avec Freud*. PUF, 1973
Hilda Doolittle, *Visage de Freud*, 1977
Abram Kardiner, *Mon analyse avec Freud*,
Pierre Belfond, 1978.

2- Jones, S. *Freud* (volume 1), PUF 1982, p 408/409.

3- S. Freud, *Ma vie et la psychanalyse*, Paris, Gallimard, 1971

L'Hésychiasme

Mystique et psychosomatique

Comment, dès l'Antiquité, un savoir sur la psychopathologie ancêtre de notre psychiatrie et de notre clinique psychanalytique fut-il élaboré afin de sélectionner et protéger les futurs impétrants religieux de pratiques mystiques à risques ?

C'est la thèse de l'*Acédie,* ouvrage de L. Luciani-Zidane (Cerf 2009). Ces pratiques mystiques seraient chargées de dangerosités jusqu'à la folie même : décompensation psychotique, delirium hystérique, angoisses pour les sujets qui s'y adonneraient sans sélection ni préparation.

Dans l'univers de notre culture reprenons un peu l'histoire telle que Freud aimait à le faire. (S. Freud, *Zeitschrift für Religionspychologie*. G. W. VII p129)

Le sentiment proto-religieux est évoqué par Freud dans sa correspondance du 17-01-1929 et du 20-07-1929, à Romain Rolland, au sujet des : *Sentiment Océanique,* extase sans forme, *Nirvikalpa Samâdhi,* qui ont inspiré son ouvrage *Malaise dans la civilisation.* Dans une dernière lettre du 19-01-1930, il lui écrit : « l'amour hellénique de la mesure, le prosaïsme juif et l'anxiété, du petit-bourgeois, mêlé selon je ne sais quelles proportions, m'ont tenu à distance/.../. J'aurais dû m'y risquer plutôt, car les produits nés de ce sol n'avaient pas à m'être étrangers » (H.& M. Vermorel : *S. Freud & R. Rolland, correspondance,* Paris PUF, 1993, p311).

Avec le présent essai, nous essaierons de renouer avec la *Réaliätsprüfung* freudienne.

En 313, l'édit de Milan offre à la chrétienté la paix et un statut. Les Ermites d'Égypte servent de modèle s'opposant au conformisme de l'empire de Constantin.

À ce moment des pères du désert, ancêtres hésychastes ont établi une technique, la pratique de l'Hesychia synonyme de tranquillité, silence, et quiétude, quête océanique paradigmatique vers Dieu.
Tradition spirituelle qui a vu ses centres s'installer dans le Sinaï dès le IVe siècle puis au Mont Athos dès le VIe siècle à nos jours.
L'importance du Nom dans l'invocation : « Seigneur Jésus-Christ, fils de Dieu aie pitié de moi, pécheur », que le moine doit mêler à chacune de ses respirations, caractérise cette Oraison, dont le caractère obsessionnel d'autohypnose (technique d'absorption) n'était pas inconnu des travaux de Freud.
Là où est le Nom, là est la persona prête à se manifester avec sa *dynamis*, expression de la puissance du Verbe.
Mais à ce jeu, au IVe siècle, Évagre le Pontique établit un traité de thérapeutique, « le Practiké » dont le but était de connaître la véritable nature de l'homme dans sa ressemblance à Dieu, grand Autre créateur.
Évagre naquit en 345 à Ibora dans le Pont, actuelle Turquie, sur la côte de la mer Noire. Il fut parmi les grands Cappadociens, à être initié à la sagesse de ces moines du désert. Sagesse de la *metanoia pratique,* qui suppose une profonde connaissance introspective de l'homme dans sa relation à ce que nous nommons le Conscient et l'Inconscient freudiens.
Délivré de toutes manifestations pathologiques l'homme atteindra alors *l'apathéia* c'est-à-dire qu'il adviendra, à ce qu'il est comme sujet de l'inconscient, tel que Freud nous l'enseigna, avec son célèbre « wo es war soll ich werden ».
Cette *practiké est* une forme de psychanalyse, au sens propre du terme : analyse des pulsions, celle des passions, des pensées et des fantasmes qui agitent l'âme et le corps du sujet, ses comportements plus ou moins aberrants, symptômes variés et sources de jouissances. Les démons

ou diabolos, ainsi nommés, qui agitent alors l'homme ne sont que contenus autonomes intimes, parfois vécus extimes et qui le divisant font obstacle à son unité.
Évagre établit à cet effet une nomenclature originale, des pathologies connues avec leurs différents symptômes, dont la liste est la suivante.
1/*De spiritu gastrimargiae* = jouissances liées à l'oralité sources de pathologies orales.
2/*De spiritu philarguriae* = jouissances des pathologies, anales, concernant l'avarice, les constipations.
3/*De spiritu fornicationis* = obsessions sexuelles, concernant toutes les formes de déviations ou compensations de la pulsion génitale, jouissances perverses.
4/*De spiritu irae* = les pathologies de l'irascibilité, la colère et les pathologies annexes.
5/*De spiritu tristae* = jouissance hypocondriaque ou mélancolique, dépression.
6/*De spiritu acediae* = tendances suicidaires pulsion de mort, pure jouissance.
7/*De spiritu cenodoxiae* = inflation de l'ego formes paranoïdes, caractères psychorigides.
8/*De spiritu superbia* = orgueil, délires schizophrénie, et jouissances psychotiques.

Tous ceux présentant ces symptômes, ou ne pouvant les résorber régulièrement au fur et à mesure de leur apparition (on parlerait aujourd'hui de résilience) étaient exclus de la pratique de cette Oraison, considérée trop dangereuse pour eux.
Plus tard la contre-réforme en tirera ce qu'on appelle les « Sept péchés capitaux » avec l'avènement du moralisme religieux qui abandonna le côté médical et psychopathologique des premiers thérapeutes attachés à traiter des maladies psycho-spirituelles rongeant le corps

et l'âme, détruisant l'intégrité du sujet, et portant ainsi atteinte à l'image de Dieu en l'homme, selon l'archétype christique, « l'homme à l'image de Dieu ». C'est dans l'évacuation, *eskenosen*, ou la purification de notre ego que doit se révéler en nous, l'espace qui contient toutes choses. Ce que nous traduisons aujourd'hui par la perfection du Sujet de l'inconscient dans une harmonie avec le grand Autre divin non barré.

Les anciens n'étaient pas casuistes mais thérapeutes.

À l'attitude ego-centrée de l'homme, les moines voulaient substituer une attitude christo-centrée et théo-centrée d'un homme sans pathologie, non par idéal, mais par nécessité d'efficacité. Ainsi l'*apathéia,* définit-elle un état non pathologique de l'humain, une sorte de nécessaire normalité à l'ascèse, une pureté du coeur afin de pratiquer les différentes voies de « l'imitation du Christ ». Ces hésychastes, tel était leur nom, avaient une connaissance semble-t-il équivalente à celle de notre médecine psychiatrique quant aux dangers de pratiquer ce type d'oraison. Mal accomplie, ou inadaptée à la structure de tel ou tel moine, le risque en est la folie. « Il est indispensable que ces pratiques se placent sous la direction constante d'un père spirituel expérimenté, le Staretz » recommandaient Nicophore le Solitaire, ainsi que Jean Climaque et bien d'autres théologiens à cause des effets psychogènes et psychosomatiques dûs à la jouissance produite par ces pratiques.

LA JOUISSANCE

Quelques mots, pour introduire cette notion particulière à la clinique psychanalytique.

Avec la pulsion de mort, Freud parla de jouissance, comme une expérience quasi mythique de satisfaction anobjectale, proche du narcissisme primaire. C'est le

terme allemand de *Genusse* qu'il utilise dans ce sens. Freud remarque chez des femmes, qu'une excitation somatique déclenchant la libido provoque un sentiment de volupté ce qui est très différent avec des hommes.
Il ajoute que la toxicomanie est une substitution à la jouissance sexuelle.
Avec l'Homme aux rats, il avait déjà remarqué chez ce patient une expression étrange, « comme l'horreur d'une volupté (jouissance) qu'il ignore lui-même ». Il lui expliqua, que la souffrance apporte parfois de l'apaisement et que de reproches il peut tirer de la jouissance. Ailleurs il nota que, « l'auto-tourment de la mélancolie est indubitablement riche en jouissances ».
Après sa deuxième topique, la recherche du plaisir se fait sous l'injonction surmoïque, c'est-à-dire, un pousse à la jouissance, et que de toutes façons « l'humain plus encore que la satisfaction sexuelle cherche à jouir de l'Amour ». À la suite de quoi, il tentera de définir un nouveau principe : une suppression de la tension d'excitation interne conduisant à la stabilité de Fechner[1], plus connu sous le pseudonyme de Dr. Mises où l'appareil psychique tend à abaisser au maximum voir annuler les excitations. De cette tendance Freud, suite aux travaux de Barbara Low l'appellera « Principe de Nirvana ». Et il poursuit avec la notion de « Sentiment océanique » qui tend en quelque sorte au rétablissement d'un narcissisme illimité, semblant dépasser la définition de la jouissance qu'il situait proche du narcissisme primaire.
On voit comment Lacan s'en rapprocha avec la « Jouissance-Autre », attribuée aux femmes et aux mystiques. Il modifie et réinterprète la notion de jouissance qu'il lie à celle d'usufruit et qu'il fait résider dans la tentative permanente de dépasser les limites du « Principe de plaisir » freudien. Pour Lacan, la jouissance se soutient de l'obéissance du sujet à l'injonction de se

soumettre à cet Autre[2] au risque de se détruire, abandonnant ce qu'il en est de son désir, il va au-delà de son plaisir. Le fantasme d'une jouissance absolue serait celle du Père primitif, Père des origines de la Horde freudienne. Côté homme, il n'y a que de la jouissance phallique limitée, c'est-à-dire barrée par la castration symbolique qui constitue son identité sexuée. Par contre, côté femme, la jouissance contient une part sans limites car, elle n'est pas toute soumise à la castration c'est ce qu'il avance et démontre avec ses formules de la sexuation, lorsqu'il affirme « qu'elles ne sont pas toute castrées »[3]. Jouir du grand Autre, ce à quoi une femme peut avoir accès dans une relation sexuelle, n'est qu'une part de sa jouissance, jouissance non organisée par un objet spécifique le phallus qu'il faut plutôt envisager du côté où « il n'y aurait plus d'énigme sur ce que cet Autre nous veut ». Quant à la jouissance purement phallique, il la perçoit comme une sorte de perversion car construite sur un aller jouir d'un objet, là où côté homme, il cherche « La » femme : c'est pourquoi il l'écrit, Père-verse. D'autre part, cette jouissance Autre ne peut se dire puisque pour le dire, il lui faudrait avoir accès à un lieu pour le dire, ce qui là fait défaut. En effet s'il y a bien un lieu « Homme » celui des hommes, c'est un ensemble clos.

Côté femme, c'est un ensemble ouvert puisque « La » femme n'existe pas.

Ainsi pourrait-on écrire pour une femme, la formule de sa jouissance sexuelle $(J) = j^0 + j^1$, où Lacan nomme jouissance mystique cette part (J^1) asymptote du sans limite, car pas entièrement soumise à la castration. Situable du côté du « Dieu-Un », grand Autre du parlêtre et (J^0) la jouissance phallique côté castration symbolique.

Au début de la vie du petit humain, la voix de sa mère agit comme grand Autre premier, autre supérieur qui exige qu'il obtempère à son désir, puis c'est le tour du père, un père en place de N.d.P[4], pour aboutir à cet Autre indifférencié, représentant du lieu où s'élaborent les signifiants, alias l'inconscient du Sujet, « trésors des signifiants ».

Un certain Paul de Tarse pouvait dire déjà « Ce n'est pas moi qui vis c'est le Christ qui vit en moi », à quoi l'on peut ajouter aujourd'hui « le Christ c'est moi » (I. de Loyola). La jouissance de l'Ⱥutre barré du Sujet, étant ici confondue avec celle du divin (A) grand autre non barré c'est-à-dire parfait. Ici le Christ n'est pas le sujet supposé savoir du transfert, comme dans la psychanalyse, il est bien plus que ça, lui « il sait et le transfert fait à lui est paradigmatique de tous les autres » car il est la perfection, l'idéal à atteindre asymptotiquement à la jouissance d'une perfection de la totalité de l'être[5].

Cela est devenu possible depuis que Dieu s'est (croyance, et dogme) incarné dans un homme, c'est ça l'imitation de Jésus dans le christianisme. Par ailleurs dans ce dogme : « pêcheur je suis, pêcheur je reste », où le signifiant du grand Ⱥutre barré, signifie le manque dans le Sujet, soit une désignation de son inconscient (Ⱥ).

Si la jouissance a un rapport possible à l'être, dans cette identification au Christ, ce dernier étant consistant, le rapport à notre semblable est garanti par lui. La jouissance du divin, Autre non barré du parlêtre devient celle de Dieu. Dieu conçu comme Autre parfait de cet Ⱥutre humain toujours barré.

Les concepts freudiens puis lacaniens n'influent donc pas sur la croyance religieuse depuis que Lacan a fait l'hypothèse exceptionnelle d'un Autre non barré, de l'Ⱥutre barré, du côté de la croyance en un Dieu-Un.

Comme nous le constatons, il y a bien longtemps que dans un contexte différent du nôtre on communiquait déjà avec ce grand Autre. Prenons par exemple la prière qui s'enracine dans la croyance selon laquelle l'homme a

la possibilité individuelle ou collective, de communiquer avec son Dieu, son Autre de l'Autre (ICS), qui l'entendant répond. Dans la Thora puis la Bible, Dieu est une divinité personnelle qui ayant crée l'homme à son image entretient avec lui de fait une relation spirituelle.
En hébreu, prière se dit *tefillah,* qui veut dire penser et son dérivé verbal réflexif *le-hitpallel* a aussi le sens de « se juger » autant que celui de prier. La prière nous apparaît donc ici sous la forme réflexive d'une pensée intérieure « insue de nous » qu'un Dieu muet nous communique ou réciproquement. « Le discours du sujet lui vient de l'Autre, sous une forme inversée »[6] ici perçu comme d'un Autre non barré car non manquant. Lorsqu'on prie à qui s'adresse-t-on ? À l'Autre ou à l'Autre, lequel ?
C'est une question de foi.

L'HESYCHASME

Après ces préliminaires nous allons aborder, la technique de l'*Hesychasme* pour évoquer la jouissance psycho-somatique et somato-psychique issue de cette « Prière du coeur de Jésus », faisant vivre l'imitation du Christ à l'impétrant au niveau de son plexus cardiaque ; tout comme à l'époque Ming, (ou Ts'ing en Chine) on pratiquait le *Secret de la fleur d'or et du suprême -Un*. Un coeur saignant, contre une fleur de lotus en or !
C'est après une longue préparation que le moine ayant appris à tenir une posture adéquate pour méditer, peut prier sans que son corps se rebelle ; là il ne doit plus jouir, ou alors, c'est d'une autre jouissance.
Selon le dire que, « le corps est le temple de l'esprit », tel un yogi, il s'avance dans la Voie.
Posture stable respiration adéquate, récitant au début verbalement tel un mantra « Seigneur prend pitié... », où la valeur du signifiant est plus importante que le signifié.

Ainsi il se peut que cela passe à, « Kyrié eleison », pur signifiant encore plus efficace, auquel les pères ajoutèrent celui, de Jésus ; signifiant par là l'importance du Nom avec la présence du théanthropos ou Dieu-homme indissociable de l'un et de l'autre. Il y a là, toute une progression où le Logos créateur fait son oeuvre dans la répétition. D'autres moines ne se soucient pas de leur posture, courbés en deux les yeux dans l'ombilic comme l'attitude schizophrénique, du replié sur soi dans une fuite des réalités, ils sont psycho-centrés sur leur cordon ombilical. Cette pratique très critiquée par les uns trouve son explication chez d'autres, tel Grégoire Palamas qui prêtant que cela favorise l'âme à « ramener son désir à son origine », c'est-à-dire à l'éros pour Dieu.
Le souffle, base de tous les yogas est perçu et interprété ici, comme union de l'esprit souffle, au « Ruach », Esprit souffle de Dieu. « Tu dois retenir ton souffle Isaïe /.../, discipline ton esprit indiscipliné... etc ». « Parce que la rétention de la respiration tourmente fait peiner le coeur qui ne reçoit pas l'air réclamé par sa nature... ». « Vous devez descendre de votre tête dans votre coeur /.../. Si vous descendez dans le coeur, vous n'aurez plus aucune difficulté. Votre tête se videra et vos pensées tariront ». De telles recommandations sont innombrables comme la synthèse faite par Grégoire de Thessalonique, avec sa Philocalie.
Ce véritable syndrome de répétition, étudié par Freud sous son caractère d'obsessionalité est ici installé, « c'est le temps que tu passes pour ta rose qui la rend si précieuse » dit le staretz[7]. Comme une drogue psychique l'ascèse à cette absorption (ou autohypnose), à cette prière, rend le pèlerin insensible à la faim, à la soif, à la douleur, aux effets du moi,... etc. Il n'y a rien là de surnaturel pourtant le sentiment de se sentir bizarre, pas de ce monde surgit dans un espace où la conscience relativise le monde

spatio-temporel comme un plan parmi d'autres plans existants. Une certaine douleur au coeur, au plexus cardiaque comme les prémices d'un infarctus signe qu'il est en train de s'ouvrir de devenir perméable à un « tout autre amour » et cela ne va pas sans une « certaine blessure » que connaissent les mystiques. Tel Saint Jean de la Croix qui s'exprime ainsi : « Ô, brûlure suave plaie délicieuse, main légère, toucher délicat qui a goût de vie éternelle... ». Il s'en suit « une tiédeur agréable et un sentiment de consolation et de paix », mais le pèlerin reste un passant et ne s'arrête pas dans l'extase. Il jouit de la présence innommable du « Vivant en lui » (grossesse phallique) il découvre la compréhension des écritures et l'expérience de la Transfiguration.[8] Ne dit-on pas que la philocalie est la clef des mystères enfouis dans les écritures ? Dans un renversement de l'humanisation de Dieu, en une déification de l'homme, il a la vision énergétique des créatures et des hommes nimbés de la flamme des choses, comme dans les gravures religieuses du moyen âge, vision du corps de lumière. Parfois même c'est la vision du coeur saignant de Jésus en son propre coeur qui saigne, qui emplit d'extase le pèlerin, d'une jouissance extime, évoquant cette jouissance Autre décrite par Lacan.
Par les premiers mots de cette prière : « Seigneur prend pitié... », il re-initie à chaque fois le processus complet ainsi que les effets attendus. Il s'agit de demeurer pèlerin pour « introduire dans l'opacité de la nuit l'allant du jour comme un unique soleil ». Mettre en résonance l'invocation du Nom dans toutes les traditions spirituelles de l'humanité, c'est aussi rappeler l'unité du genre humain, et y rejoindre Freud à Lacan dans la psychanalyse dont Freud disait qu'elle n'est ni religieuse ni irréligieuse. Aussi trouvons-nous des pratiques similaires et équivalentes ou même identiques dans de

multiples traditions au travers des âges bien avant l'ère chrétienne.

Ce présent essai a débuté avec le rapprochement que nous avons découvert, dans le *Traité de la fleur d'or* de Charles Wilhem et *l'Hésychasme*, dans un ouvrage de P. Grison (Éd. Villain & Bellhomme, 1970) intitulé, *Traité de la fleur d'or et du suprême un*[9] où il décrit en parallèle la quête mystique et la pratique chinoise à l'époque Ming du T'ai-yi Kin-hona Tsong Tche où une fleur de lotus d'or apparaissant au niveau du plexus cardiaque, et celle d'un pèlerin sibérien du IXe siècle, qui décrit cette Oraison là où le pèlerin sibérien perçoit le coeur saignant de Jésus en lui. Un tel phénomène, produisant les mêmes effets chez un moine chinois que chez un moine sibérien attira notre attention. Ailleurs nous trouvons le Logos, le Nom (signifiant) et le Mantra (son) dans les pratiques yogis, l'invocation du nom de Dieu dans le soufisme avec le *Dhikr-i-Kalbi*, sans oublier l'origine du monothéisme avec la pratique hébraïque et le pouvoir du tétragramme « Y H W H » dans la Kabbale. L'importance du Verbe et du son, la sonorité du mot, rejoignent l'enseignement de la psychanalyse avec sur un plan profane les notions de signifiant et de nomination de l'homme avec le Nom du Père. Le mantra véritable signifiant est « un mot, né des profondeurs secrètes de notre être où il a été couvé par une conscience mentale éveillée et enfin projeté au-dehors silencieusement ou par la voix, le mot silencieux considéré comme plus puissant peut-être que le mot parlé précisément pour un but de création ». Disait Shri Aurobindo ajoutant qu'il peut « créer en nous-mêmes de nouveaux états subjectifs, modifier notre psychisme, révéler une connaissance et des facultés potentielles inconnues auparavant /.../, l'emploi védique du mantra n'est qu'une utilisation consciente de cette puissance secrète du verbe ».

Le plus connu est le mantra « AUM » ou « *OM* », dont chacun peut faire l'expérimentation. Au bout de quelques mois de pratique régulière avec un initiateur, quiconque peut en éprouver les effets mêmes modestes en nos contrées où ceci ressort plus de la relaxation profonde que la quête mystique. Il y a ensuite le Bhakti yoga, et l'invocation du Nom avec le *Japa,* qui sont d'autres pratiques plus indiennes qu'occidentales comme le Tantrisme. Enfin en Islam le Soufisme, représente la pratique mystique, où le *Dhikr* est une Oraison jaculatoire indéfiniment répétée. Elle se fond avec ce précepte coranique :
« Récite ce qui t'est révélé du livre, et accomplis la prière. En vérité la prière empêche de se livrer à la turpitude, et de commettre des abominations. Et certes la remémoration de Dieu est grande... ».[10]

Un chapelet de 99 grains correspondant aux 99 noms ou attributs de Dieu que les doigts égrènent au rythme des lèvres qui les prononcent. Chanté psalmodié ou silencieusement murmuré en soi, c'est une technique d'absorption comme les autres ; il est dit toutefois que « le résultat du Dhikr n'est pas au pouvoir du Dhikr, il dépend d'Allah » (de A̸ ou de A ?).

Tout comme le saint-esprit pour les Chrétiens, qui descend ou non sur celui qui prie, tout dépend du désir de Dieu. Tous permettent d'atteindre des états proches du principe de Nirvana ou états océaniques décrits par Freud et perçus comme jouissance particulière, autrement que barré par la castration. Chez tout sujet, chez tous parlêtres la mise en scène par le fantasme démontre son rapport à l'objet cause de son désir et sa jouissance.

Si la Jouissance est phallique, elle est marquée du sceau du manque, de la castration symbolique du Sujet. Quant à la Jouissance Autre, elle est muette, et s'exprime sous le signe d'une abondance sans limites, telles que, les mystiques nous l'apprennent dans les commentaires de leurs pratiques. Mais l'Autre de la jouissance, Jouissance de Dieu toujours voilée concerne toutes les religions et en particulier les trois monothéismes qui sont ici évoqués.

***

(Extrait d'un exposé à l'Université de Macédoine de Thessalonique, aux Journées de *Psychanalyse & philosophie*, les 02 et 03-11-2007, traduit en grec dans la Revue *ENEKEN* 2010, p29, à Thessalonique.)

*-Péché, de *peccatum* = faute en latin ecclésiastique qui devint faute contre la loi religieuse. Les sept péchés capitaux sont : L'avarice, la colère, l'envie, la gourmandise, la luxure, l'orgueil et la paresse. L'Église distinguera les péchés véniels des péchés mortels s'opposant à l'état de grâce.

**- À cette occasion, on peut noter différents corps : le corps de la médecine, le corps subjectif et un ou des corps mythiques, qui eux ont fait l'objet de représentations dans toutes les cultures iconographiques.

1- Gustave Théodore Fechner (1801-1887), médecin et philosophe allemand, se basant sur les travaux de E. Weber établit un rapport entre « la relation psychique et l'excitant physique », une loi selon laquelle la sensation varierait comme le logarithme de l'excitant.

2- Autre, que nous écrivons avec un grand (A̸ ou A) pour le différencier du petit autre purement spéculaire que nous côtoyons dans la vie de tous les jours.

3- Il ne s'agit pas ici de sexe biologique, mais de sexuation, du *gender* anglais, qui est un choix Inconscient d'un Sujet se situe côté homme ou côté femme psychiquement.

4- Le Nom du Père (NdP) est la place symbolique qui est attribuée par la mère dans un processus de désir à un homme, tenant cette place pour élever son enfant vers son équilibre psychique qui reste néanmoins une aporie, avec toutes les ambiguïtés des structures névrotique, psychotique ou perverse.

5- Différences notoires entre : l'écoute par un psychanalyste de son analysant et celle du prêtre dans le confessionnal. L'absolution des péchés est pratiquée « au Nom du Père », ce « Dieu-le-Père », abstraction qui absout. En psychanalyse c'est le S̸ujet qui seul métabolisera, face au retour du refoulé ce qui n'est plus une faute, mais un évènement de vie à accepter.

6- Que Lacan définit tout au long de son Séminaire.

7- Staretz ou Hermite, maître spirituel. Mot d'origine russe.

8- Allusion au changement d'apparence du Christ « transfiguré ».

9- Ainsi que le *Commentaire sur le Mystère de la Fleur d'or*, de C. G. Jung chez Albin Michel, 1979

10- Coran, XXIX, 45

Un autre regard sur le monothéisme

« Je ne sais si vous avez deviné le lien entre l'Analyse profane et l'Illusion. Dans la première, je veux protéger l'analyse contre les médecins, dans l'autre contre les prêtres. J'aimerais le confier à une corporation qui actuellement n'existe pas, une corporation laïque de ministres des âmes qui n'aurait pas besoin d'être médecin et n'aurait pas le droit d'être prêtres. »
S. Freud, (Lettre à Pfister du 25-11-1928)

Durant des siècles peut-être même depuis toujours, les humains eurent l'intuition d'une puissance supérieure mêlée aux forces de la nature qui les entourait, ceci au travers des orages, des tornades, des volcans, via le mystère de leur vie et de la mort.
Ainsi construisirent-ils des lieux sacrés, des tombes revêtues d'ocre rouge, des idoles en sculpture, des icônes. Puis des êtres d'exception furent identifiés comme fétiches de cet indicible, tous possesseurs du « Mana ».
L'animisme originaire qui relie microcosme et macrocosme se développa ainsi au fil des siècles. Puis une lente abstraction de ce que nous appellerons *Le Réel* (terme définit par Lacan) se conceptualisa dans l'esprit de certaines élites, les créateurs de religion. Le plus connu fut Akhenaton qui essaya de faire admettre aux masses égyptiennes un dieu unique qu'il nomma « Aton » et qui pouvait synthétiser leur panthéon iconographique, remplacer les multiples facettes de cet Un par *l'Un* tout seul. Remplaçant les multiples représentations : petits, grands et moyens dieux existant dans leur imaginaire, tous avatars de *l'Un,* en un seul Dieu irreprésentable, autrement que par un disque solaire. Cela exigea une lente et persévérante abstraction

intellectuelle de la part d'une nouvelle génération d'hommes ; expression d'une psychogenèse en marche à laquelle seule, au début, une élite eut accès.
Ainsi nos lointains ancêtres accédèrent-ils à la conception d'un *Autre* parfait à opposer à cet Ⱥutre humain (Ⱥ) (écriture lacanienne). Cette écriture (Ⱥ-A) nous permet d'objectiver plus rapidement notre propos.
Ils mirent des millénaires à atteindre ce stade d'abstraction intellectuel, celui du « sans nom indifférencié » tel le Tao. Avant il y eut les « déesse-mère », les cultes phalliques et le modèle animal, avec leurs exigences de sacrifices animistes d'usage. Là, les hommes y sacrifiaient leur jouissance avec leur premier-né (Bible). Ce sont ces strates de phylogenèse qui restent imprégner l'ontogenèse de l'humain comme les archétypes de C.-G. Jung.
Pour notre culture occidentale, ceux qui furent touchés en premier semblent avoir été les Hébreux, « ce peuple qui marche » s'extrayant de l'Égypte avec en tête Moïse, nouvelle figure du « Père de la Loi ». Ce Moïse qui imposa à son peuple sa révélation : « honorer un seul Dieu » et plus jamais des représentants de l'Innommable. Naquit ainsi ce monothéisme dont la perception ne pouvait qu'être humaine, au-delà de la multiplicité de ses avatars. Il remplaça les *daïmons* absorbant les dieux locaux dans leurs sanctuaires sacrés malgré le « Veau-d'Or » issu d'une régression vers un culte agraire très ancien. Ainsi « Elohim », de pluriel devin singulier.

Ce monothéisme développé par une élite fut enveloppé de contraintes très strictes afin de ne pas retomber dans un passé panthéiste, aussi idoles et icônes furent-elles bannies ainsi que toute autre tentative de représentation, pour remédier définitivement à l'épisode du Veau-d'Or. Néanmoins la nature humaine reste faible face à la

superstition, ces ancêtres ne purent s'empêcher d'y adjoindre des pratiques occultes et la vénération faite à des hommes exceptionnels qu'on nomma les Saints.
Après des siècles, nous avons atteint une conception du monothéisme qui se divise aujourd'hui en trois courants pour honorer « un seul et même Unique Dieu ».
Mais chaque packaging, si l'on peut dire, est différent car ce qu'on nomme dogmes en organisa très vite l'affaire.
Il faut ici distinguer l'abstraction idéique côté paradigme du *Réel*-Dieu *(A)* et les constructions purement humaines, nées de besoins symboliques et imaginaires, que les différents clergés élaborèrent pour soumettre et maintenir leurs ouailles dans leurs temples par des rites différents : chacune étant une forme de névrotisation obsessionnelle, comme Freud l'a discerné puis largement étudié.
Ainsi passa-t-on d'un extime (l'Autre du Sujet) à l'*Autre* ce Dieu unique, divisé par le temps et les hommes en *Yahvé* Dieu du Judaïsme puis *Allah* pour l'Islam, sans omettre le schisme hébraïque, révolte messianique d'où est né le triptyque christique : *le père, le fils et l'esprit saint*.
L'énigme de cette abstraction fait encore bouillonner les passions humaines avec des guerres fratricides.

Vers 1162-1163, Maïmonide fut l'un des premiers exégètes échappant à la mystique, à donner sa vision d'un point de vue philosophique dans un livre traduit sous le nom de *Guide des égarés*. Pour lui on ne peut aimer que ce que l'on connaît et pour connaître l'indicible il faut avoir étudié la pensée qui rend le mieux compte du monde sensible et suprasensible, c'est-à-dire la Physique et la Métaphysique d'Aristote[1]. Aujourd'hui on parlera de Psychanalyse.
Au XXème siècle un certain neurologue, S. Freud, mit à jour l'Inconscient discerné par lui au travers de l'interprétation des rêves, exposé dans sa *Traumdeutung*. Cet inconscient qui a sa propre logique est bizarre, pas

logique, il a ses propres désirs. Il ne connaît pas la notion de temps, ni celle de bien ni de mal, aussi est-il souvent en contradiction avec notre conscience, notre morale, nos habitudes rationnelles et intellectuelles de penser le quotidien. Il nous paraît autonome pourtant c'est lui qui contrôle notre équilibre psychique et somatique, c'est-à-dire la globalité de chaque sujet humain. Pour cette raison, nous avons intérêt à chercher à le découvrir, retirer ce qui le couvre, à tenter de l'harmoniser avec ce qu'on perçoit consciemment qu'il veut de nous, avec ses (nos) désirs cachés, mais à quel prix ?

Comment entendre ce qui vient de ce lieu où « ça désire » où « ça parle », sans que ce soit sous forme de lapsus ou d'actes manqués ? Car ça parle, ça nous parle, dans tous les domaines, là-dessus, Lacan après Freud ajoute : « L'inconscient est structuré comme un langage ».

Aussi les discours de Freud et de Lacan constituent-ils une même approche celle de la psychanalyse. Discours qui subvertit la notion de cause rationnelle et consciente pour ouvrir une voie vers cet Autre lieu de l'inconscient du Sujet. Avec les religions monothéistes, ce discours de l'Autre, est lié à la notion du Père (pas seulement du géniteur, qui pour être Réel c'est-à-dire un spermatozoïde n'a pas pour autant une place symbolique), ce « le Père en plus » de Lévi-Strauss devenu le « Nom du Père » avec Lacan, présente une même nature, une même essence, celle d'un régulateur symbolique. Nous découvrons ainsi le besoin que dans ce lieu Autre, il y ait comme « un livre », une somme, c'est-à-dire, une description des interdits et des commandements, sans cela la liberté nous serait synonyme d'angoisse : c'est ça le « Nom du Père ».

Peut-être naquit alors la sacralisation de l'écriture, le fétichisme de la plume avec le développement des papyrus, os, papier puis l'imprimerie. Depuis lors nous prêtons une existence à cet *Autre* (de l'Autre) que nous nommerons désormais un super Sujet, voir un super Papa, fruit de notre anthropomorphisme naturel (de nature), c'est à dire Dieu.

Mais le discours psychanalytique montre que dans l'humain, il y a depuis notre origine un objet primordial à jamais perdu. Ceci hypothèse d'un manque, un trou que nous cherchons à combler, c'est là le goût du sacrifice, de la mortification, où nous abandonnons une part de notre jouissance. Avec Lacan nous avons adopté l'écriture de l'inconscient du S̸ujet comme Ⱥutre, avec (Ⱥ) barré pour le différencier du mythique *Autre* non barré car parfait, mais qui n'existe pas ici-bas car : « il n'y a pas d'*Autre* de l'Ⱥutre ». Aussi Lacan rompt-t-il l'amalgame fait de l'Ⱥutre avec l'*Autre* pourvu de pouvoirs occultes. L'amalgame de ces deux entités abstraites a longtemps perduré et imprégné les croyances humaines.

Les révélations et les sacrifices qu'on faisait lui étaient adressés, à cet *Autre*. Dans notre société laïcisée, c'est-à-dire où la pensée peut être séparée de toute attache religieuse dogmatique et canonique, Lacan et la psychanalyse peuvent définir Dieu comme le refoulement originaire l'*Urverdrangung* freudien l'inconscient irréductible, ce à quoi l'on ne peut donner sens, c'est-à-dire le paradigme du Réel, et comme Réel il le contient (*A* devient paradigme de Ⱥ).

Dans son séminaire – *D'un Autre à l'autre (Séminaire XVI, 1967-1968)* Lacan ajoute « qu'il se pourrait bien que Dieu soit Inconscient »[2]. Sachant par ailleurs que : « le Réel c'est ce qui ne peut pas se dire » ni par le Symbolique, ni par l'Imaginaire ; ce Dieu reste donc indicible. Aussi ne peut-on que l'évoquer ; car toute représentation toute image serait contraire à son essence de Réel et ferait retour à un passé animiste au risque superstitieux d'adorer des semblants. Pour en parler « le Symbolique est le support de ce qui a été fait Dieu » et les noms de Dieu depuis

Freud et Lacan peuvent alors se dire : l'*Autre,* Das ding, le Nom du Père (en tant que lieu symbolique) et le Rien du vide bouddhiste, et dès qu'on en parle le dire fait Dieu .
Aujourd'hui l'enjeu de la science qui est de renoncer à la subjectivité de l'expérimentateur, d'étouffer le désir qui ne serait pas celui du savoir, permet ainsi le suppose-t-on, d'accéder à un Réel que justement le fantasme dénie.

C'est en nous penchant sur cette pensée humaine liée à sa quête religieuse, de relier ce qui est en haut à ce qui est en bas, le connu à l'inconnu, l'ici-bas mortel à un éternel, que nous avons remarqué une représentation antique issue de la Kabbale qui laisse à la puissance du Logos : « au commencement était le Verbe », son aspect éternel.
Nous avons eu l'intuition qu'il fallait nous essayer à une sorte d'interprétation psychanalytique en fonction des outils dont nous disposions c'est-à-dire par la linguistique dans le champ freudo-lacanien. Rappelons que Ferdinand de Saussure dans son *Cours de linguistique générale* avait divisé le signe linguistique en deux parties : nommant signifiant l'image acoustique d'un concept et signifié le concept lui-même. Par exemple le mot -arbre ne renvoie pas à l'arbre réel ou référent, mais à l'idée d'arbre ou signifié et à un son, le signifiant qu'on prononce à l'aide de phonèmes : - a . r . b . r . e. [3]
Le signe unit donc un concept à l'image acoustique et non à une chose, ou un nom. Cette chaîne saussurienne : référent, signifié, signifiant, n'évoque t-elle pas chez Lacan une autre chaîne, Réel, Imaginaire et Symbolique ? Tout cela ne pourrait qu'être une découverte des temps modernes mais en fait, ce n'est que mise en forme de pensées beaucoup plus anciennes. Des pensées liées à une quête de relier, du latin r*eligare,* qui a donné religion, reliant l'ici-bas mortel à un supposé dieu éternel.

Mettant à l'épreuve la théorie saussurienne nous voyons que le mot Kabalah est né de Kibel, il ne renvoie pas au réel de la Kabbale mais à l'idée de la tradition et à un son qu'on prononce K.-B.-L. avec une problématique spécifique à l'hébreu où il n'y a pas de voyelle fixe. À les interposer on change le sens, on capitonne sa dérive signifiante, ici on a donc -K a B a L a, où la lettre -a insuffle la signification... Kibel étant l'histoire de la tradition passée de la bouche à l'écrit avec le message d'un Dieu unique qui a parlé. Message spirituel transmis à l'homme sans l'intermédiaire d'un texte, de bouche à oreille, ce fut la Kibel[5] du mont Sinaï en même temps que Moïse reçut la loi écrite ou Mikra, acronyme de Torah.
C'est à dire l'alliance du Symbolique et d'un Réel gravé dans la pierre sous forme des « Tables de la Loi ».
Au cinquième siècle le Talmud[6] a codifié ce savoir et a fixé par écrit cette transmission orale.
La Kabbale inspira la théosophie avec le Sefer Yetsirah[7] (sefer = livre) et le Sefer Ha-Bahir ou Livre des clartés au XIIème siècle et enfin le Zohar vers le XIIIème siècle fondant son interprétation sur d'autres aspects symboliques du texte biblique et des lettres qui le composent.
Afin d'ordonner en un schéma cohérent, nous semble-t-il à la façon d'un *mathème* lacanien, la relation depuis Elohim jusqu'à El Shaddaï, il apparut que les dépositaires de ces savoirs aient construit une représentation schématique d'un ensemble de Dieu et de sa création : « l'Arbre séfirotique » Cet Arbre serait donc un graphisme, expression d'une topologie selon la théorie des émanations et des attributs de Dieu. C'est ce mode de représentation, ce graphe antique qui a retenu notre attention car il nous paraît exprimer le processus par

lequel le monde et les hommes seraient issus du divin via une pensée anthropo-morphico-métaphorique défiant depuis des siècles le savoir profane.

De leurs côtés les démarches rabbiniques, toujours très intellectuelles furent imprégnées par l'écriture hébraïque qui ignore les voyelles. G. Scholem le rappelait en ces termes « Le mécanisme du monde est essentiellement un processus linguistique reposant sur un nombre illimité de combinaisons de lettres. » La parole de Dieu faite à Abraham- « Lech lecha », ne veut pas seulement dire dans son contexte « Va », mais dans un sens psychologique « Va vers toi », vers ton être profond et unique, cet Ⱥutre.

Ce qui ressemble beaucoup à la célèbre phrase de Freud, « Wo es war soll ich verden ». Plus tard le message de ce Dieu aux hommes, transmis par Moïse : « Je suis celui qui suis » (ou, je suis ce que je suis, ou, celui qui est), fut comme un trou dans le Réel pouvant engloutir mais qui recracha le Père (dieu le père) comme « Nom du Père » dont Lacan traduisit le message en « je suis ce que - Je suis », je suis ce que - Je est, ainsi n'est-il pas le dieu des philosophes, mais celui d'Abraham, d'Isaac et de Jacob et pour nous l'*Autre* de l'Ⱥutre.

Ce dieu qui est ici parlêtre, serait L'*Autre* de notre Ⱥutre imparfait. Dans ce cas, l'homme aborde la déïté « Une » dans un ordre logique, logiquement humain.

Parodiant le séminaire de Lacan nous pourrions dire que ce graphe séfirotique représente le passage « d'un Ⱥutre à l'Autre ». En découle le « Nom du Père » comme butée symbolique voilant le Réel absolu et paradigmatique.

Les humains ont tout essayé pour approcher une compréhension toujours impossible de Dieu, d'où sûrement l'idée de la théorie des émanations et des attributs le constituant, le représentant, est topologisée par cet « Arbre séfirotique ». Celui-ci figure alors la structure de l'homme et de son univers, symbolisant à la

fois les forces à l'oeuvre dans le manifesté et les voiles séparant l'homme de la connaissance que la science prêtant dévoiler ainsi que les interactions entre ces forces.
Notre thèse est en première lecture exogène, celle d'un vrai graphe, vision de Dieu dans le parcours de sa création écrite par des hommes qui s'efforçaient de le concevoir ou de formuler le message reçu de cet *Autre*.
Nous n'évoquerons ici que le graphe, nous abstenant des multiples lectures que d'autres on pu faire : théosophique, ésotérique ou philosophique, qui se sont développées au cours des siècles, et vulgarisées pour une mantique.

Comme un graphe lacanien cet Arbre aurait donc pour ambition de représenter le chemin de l'innommable parcouru jusqu'à l'homme créé par le Logos c'est-à-dire « un chiffrage » puis « une nomination ». L'émergence de Dieu des profondeurs de lui-même dans sa création qui constitua le fondement de la théorie des sefirots est à l'origine de l'homme primordial tel que le Zohar, *Livre des splendeurs*, l'a évoqué. De ce point de capiton de la création du parlêtre, l'homme dans un regard en amont vers ses origines, aurait donc inventé avec ce dont il dispose d'imaginaire créatif (voir la notion d'imaginal d'Henri Corbin) et de symbolique, un graphe où il a pu situer son innommable origine, Dieu l'inconcevable, l'irreprésentable paradigme du Réel, dont il ne peut évoquer et concevoir que des avatars et (ou) des émanations. Ainsi peut-on dire que si Dieu a créé l'homme, ce dernier par voie de conséquence a inventé ce dernier et a construit un discours qui n'en finira jamais pour l'envelopper de ses dires. Comment dire le Réel, là où Maimonide parlait déjà de métaphores ?
L'expression symbolique de Dieu dont la représentation est impossible voit ses tentatives interdites, a néanmoins une particularité. Elle trouve forme dans un jeu de quatre

lettres hébraïques, YOD, HE, VAV, HE, dont le graphisme qui les réunit forme le tétragramme représentatif du chiffre UN qui se lit Aleph.

Là, réside le mystère dit-on réservé aux seuls initiés, comme l'était le grand prêtre du temple de Jérusalem dépositaire de l'écriture sacrée. La représentation graphique du nouage de ces quatre lettres forme curieusement un seul graphisme, la lettre aleph, unique représentation admise de Dieu, condensant ses multiples faces. Ici, l'enseignement de Lacan peut nous éclairer, lorsqu'il dit que « la lettre c'est du Réel »[8].
La lettre Aleph qui vient du mot *anochi* en hébreu veut dire « Je ». Or « la voyelle muette Aleph ne représente en hébreu que le premier mouvement du larynx dans la prononciation (comme l'esprit doux en grec) qui précède une voyelle au commencement d'un mot comme racine spirituelle de toutes les autres lettres et qui contient dans son essence tous les éléments du langage humain ».
G. Sholem n'a-t-il pas dit que « le symbole ne signifie rien et ne communique rien, mais rend transparent quelque chose qui est en deçà de toute expression. » [9]
On perçoit ici que le langage aborde la question lacanienne de bordure, de littoral : littoral de quoi si ce n'est d'une quête entre jouissance et savoir.
Mais Kibel pose d'autres questions, comme celle de notre cosmogonie : par quoi le Non-être de Dieu ce Réel

impensé, puisqu'il n'y avait pas d'humain pour le penser est-il passé à l'être c'est-à-dire là où l'homme fut créé parlêtre ? Mystère expliqué par la tradition hébraïque des trois Logoï ou Sépharim.
Ces trois Logoï : Séphar, Sépour, Sépher, qui sont des nombres, sont des entités supérieures qui revêtent trois aspects du Logos. Création ex-nihilo, où tout commença par le Verbe (Dieu parlêtre ?).
Pour Séphar Sépour Sépher nous proposons les interprétations suivantes :
- Séphar, le nombre proprement dit, la lettre en tant que chiffre, qui ferait littoral entre jouissance et savoir.
- Sépour, le récit, le raisonnement discursif, la lettre en tant qu'expression orale, chaîne signifiante, surdétermination symbolique, en tant qu'elle se distingue du Réel. Et là s'arrêterait la culture orale ?
- Sépher, le livre, la lettre en tant qu'expression écrite, écriture du côté du Réel, ravinement du signifié, à suivre avec Lacan dans *Lituraterre (Séminaire,* livre XVIII).

À partir de ces premières déductions, nous voyons se déployer un graphe numéroté de un à dix (sefirots pluriel, féminin singulier sefirah). Chaque sefirah désignant une émanation à travers laquelle se manifeste le Divin. De même que de façon mystérieuse ils composent la lettre aleph comme « un trait unaire », où ces dix sefirots seraient la pierre brute dans laquelle s'effectua une sculpture, celle dont les lettres sculptèrent un champ de conscience, de forces en action de la réalité que nous percevons. Ne pas rejoignons-nous, là l'exposé *Lituraterre* où Lacan perçoit au travers des ravinements du sol, vu de son avion, l'expression d'un autre ravinement, celui du signifié. La lettre serait donc comme un précipité (terme de chimie) du signifiant, mais dans cette écriture il y a une opposition entre la non-identité à soi du signifiant et l'identité à soi de la lettre, c'est-à-dire un mouvement de sens et de non-sens. C'est là que Lacan situa le non-sens radical de la lettre qui tient au Réel.

Mais poursuivons la description de ce graphe qui se divise en quatre zones ou mondes. Au vu du déploiement de cet arbre nous constatons que paradoxalement, ce qui fait racines, c'est-à-dire Dieu, est en haut.

- Arich Ampin, monde situant le non-être de Dieu, avec en sommet « En Sof », En ou Aïn, signifiant potentiel non manifesté, c'est-à-dire non-être et Sof est le sans fin, l'infinitude, Réel indicible, impensable, soit Dieu pensé par Dieu, qui est un Réel paradigmatique informulable, impensable pour les petits hommes.

En bas ce qui concerne la création, ce qui est là c'est Assia le domaine de Malchout la matrice, la grande et la petite Mère, comme pourvoyeuse des hommes à l'image de Dieu : autre domaine du Réel.

Nous pouvons concevoir ici ces deux mondes comme deux extrémités de deux demi-cercles borroméens se rejoignant en s'incurvant l'un vers l'autre : Dieu et sa Création qui se rejoignent à la fin des six jours.

Pour exprimer « L'oeuvre de la création », nous voyons deux ensembles que nous considérons comme les anneaux borroméens Symbolique et Imaginaire, qui viennent prendre place entre les deux extrémités de ce Réel, ils sont :

- Le monde de Bria, que composent les trois premiers Séfiroth :

- Kether, la couronne.
- Hochma, la sagesse.
- Bina, l'intelligence.

Ils forment à eux trois le « Grand visage » Arich Ampin, la face cachée de Dieu, celle d'avant les six jours de la création : <u>cercle du Symbolique.</u>

Puis, celui de la création hiérogamique des six jours de la création, plus le jour du Shabbat, c'est-à-dire, le monde de la réalité (réalité = Imaginaire) : <u>cercle de l'Imaginaire.</u>

- Les sept sefirots inférieurs forment ainsi le « Petit visage » Zeir Ampin, la face révélée de Dieu aux hommes.
- L'alliance de ces deux visages, Arich et Zeir Ampin, constitue l'union idéale du Non-Être et de l'Être, c'est-à-dire ce que nous pouvons formuler comme l'ultime représentation conceptuelle de Dieu par le parlêtre.

- En miroir de l'humain, la part féminine en Dieu, la Shekhina s'associe à la part masculine Kaddosh Barouch Hou de façon anthropomorphique. Leur union est représentée par un symbolisme d'ordre sexuel, il s'agit là d'un mariage symbolique certes, mais non-platonique, une hiérogamie qui dura six jours, six jours d'exercice phallique pour le Créateur.
Le phallus étant ici l'image du flux vital durant tout son acte, évoque dans notre imaginaire quelque chose de Réel au moyen du Symbolique.[10] À la fin des six jours Dieu s'est arrêté de créer, l'équilibre des sefirots étant atteint, l'équilibre de l'univers fut ainsi accompli. Le septième est donc le jour vénéré comme celui du repos de Dieu, celui de la détumescence de son désir et de son acte créateur.
Dans ce chaînage, nous voyons comme trois cercles borroméens sous cette présentation R/S et I/R dont le demi maillon du haut se referme sur le demi maillon du bas. Ainsi, dans une succession chronologique, partant du non-être de Dieu, pur Réel paradigmatique, la création débute par le Verbe d'où naissent la parole et le parlêtre, domaine du Symbolique, puis le monde des humains, qui n'est en fait qu'Imaginaire (sorte de consensus des parlêtres face à la chose perçue) pour terminer par la reproduction humaine attribué à la matrice, un autre Réel,

que je nomme humain, par rapport au pur Réel paradigmatique de Dieu.
Ces demi-anneaux de Réel n'en font qu'un, en se rejoignant, encerclant la création de Dieu (R/S et I/R).
La relation de contiguïté et de succession qu'ils entretiennent les uns aux autres fait l'objet d'investigations que les humains appellent aujourd'hui la Science.

CONCLUSION

Ici, nous nous sommes posés face à un aspect historique et non-confessionnel évitant toutes les passions qui l'accompagnent. De l'Egypte antique avec la rupture d'Akhenaton rompant avec la pratique religieuse établie, Aton fut promu « dieu UN ». Celui-ci nous paraît être l'ancêtre de « L'Éternel ton Dieu ... » des hébreux, qui vivaient là-bas et se développa au cours de siècles d'indépendance. Cette innovation reste l'initiatrice des autres monothéismes ultérieurs : christianisme et variantes : catholique, orthodoxe, protestante, gnostique, puis l'Islam, le dernier né. Aussi, parler de cette abstraction, concept apparu avec Aton, nous ne pouvons qu'en aborder les pensées multiples qui chez les hébreux se sont formalisées en un *Kanôn* d'une grande perfection.
La Kibel, la Torah, puis le Talmud qui les accompagne de ses commentaires, avec l'Arbre séfirotique qui en est le graphe. Cette expression profonde de l'Ame humaine n'est envisageable pour nous que sous l'aspect d'une quête archéologique suivant l'exemple de S. Freud.

L'ARBRE SEFIROTIQUE

Représentation métaphorique de la pensée humaine et de ce que Lacan ou Maïmonide nommèrent chacun à leur façon le Réel, c'est-à-dire un innommable. Si Dieu a fait

l'homme à son image, l'homme l'anthropomorphisa, concevant son Dieu à la sienne, ainsi côté humain la neuvième sefirah est assimilable au *pudendum* latin c'est-à-dire au pénis organe-symbole phallique, et Yesod métaphorise le pénis-circoncis et son porteur, par rapport à la femme qui en est le réceptacle[11].
Dans cet équilibre, le féminin est exprimé par la sexuation de Shabbat, Shekina et Knesseth qui sont ordonnés côté femme. Chabbat est le jour du repos, celui où l'on honore Dieu, et Shekina représente la persona (selon le vocable jungien) la part féminine en Dieu, et Knesseth la communauté avec Dieu.
Nous voyons dès lors que la notion de Dieu contient de façon indifférenciable le masculin et le féminin. S'il y a cet arbre séfirotique, ce « graphe du parlêtre » de la lignée d'Adam qui est un concept de chiffrage, il y a aussi selon le Bahir, un Adam Kadmon prototype microcosmique de la création où les entités créatrices sont des paroles ou maamaroth[12] et non de purs chiffrages mais de purs signifiants. Chiffrage et signifiants comme les deux mamelles lacaniennes du parlêtre !
« Esprit maudit, celui, pour qui les récits de l'Écriture n'ont d'autre sens que le littéral », toujours la Kabbale dépasse la lettre, comme est écrit dans le Zohar (III, 149b). Ainsi, l'homme, créature de Dieu dans cette Cosmogonie, Mère de nos cultures occidentales, fut construit en miroir de ce Dieu-*Autre* de l'Autre, exprimé par la culture hébraïque[13], mère des monothéismes ultérieurs.
Ce Réel paradigmatique s'imposant à l'homme qui imagina des signifiants pour le dire, ainsi que des parcours initiatiques toujours plus ésotériques dans l'espoir de l'approcher. Lacan évoquant la « jouissance Autre » des mystiques et leurs pratiques extatiques, posant la question, « comment le Sujet surgit du rapport indicible à la jouissance »[14] et non du signifiant ?

« L'indicible est dans le coup et il s'agit d'approcher le Sujet au-delà même du refoulement /.../, on est là dans les soubassements de l'être du sujet ». « Cette tentative limite, que Lacan n'aborde qu'avec une certaine distance/.../, c'est le mythe scientifique d'une naissance du Sujet préalable au signifiant/.../. Il s'agit là de repérer dans le Sujet un représentant qui est plus originel que le signifiant. »[15]
Ne serait-ce pas là une trace de cet « Un », créant *l'hommanité,* trace précédant le signifiant, c'est-à-dire une nomination, comme chromosome de son divin géniteur ? Trace du créateur où il y mit dit-on un peu de lui en tant que « référent »[16]. Alors l'homme a inventé ce *ligare-religare,* pour relier ce qui est en haut et ce qui est en bas. Et ici, la culture du livre prima sur l'orale, car mieux garante d'une transmission constante aux générations futures, elle garda grâce à l'équivocité de la langue hébraïque la richesse du discours, ses interminables réinterprétations et commentaires depuis des siècles exemplifiés par l'art du midrash[17]. Et « quant nous lisons dans l'Apocalypse, cette image puissante, manger le livre, qu'est-ce cela veut dire ? Si non que le livre prend/... / valeur /.../ du signifiant/.../ devient Dieu, objet de l'incorporation elle-même » (*L'éthique de la psychanalyse, Séminaire VII,* Paris, Le Seuil, 1986, p340).

Nous terminons cet essai évoquant les écrits d'Elie Benamozegh, rabbin et philosophe né en 1823 à Livourne, chantre d'une Kabbale philosophique qui dans son livre *Israël et l'Humanité*[18], développe sa vision de la Kabbale, comme pouvant être aussi un outil pour s'adapter au monde moderne et à la science des hommes.
Lacan, grand érudit n'était pas sans connaître cet auteur et la culture hébraïque dans son Séminaire *D'un autre à l'Autre.* Ainsi avons-nous fait un retour à Freud, jusqu'à

L'avenir d'une illusion, montrant à nouveau que les hommes sont condamnés à une quête de l'indicible via le « Réel », que ni les religions, ni les sciences n'expliciteront jamais.
La boucle est bouclée, comme notre graphe.

*

Notes

1- M. R. Hayoun, *Maïmonide,* P.U.F. p 34 -36

2- J. Lacan, *R.S.I. livre XXII,* 1974, Le Seuil.

3- Dictionnaire de psychanalyse, Fayard.

4- K-a-B-a-L, où K, B et L sont des consonnes, laissant des vides à remplir selon l'écriture hébraïque par des voyelles. Ce qui n'est pas le cas en français dans l'exemple du mot arbre.

5- G. Casaril, *Siméon Bar Yochaï.* Coll. Maitres spirituels, Le Seuil, 1961.

6- Talmud, constitué de la Michna et de la Guemara, l'ensemble des commentaires rabbiniques.

7- Le thème du Sepher Yezirah est un discours sur la cosmologie et la cosmogonie, sorte de *Ma'aseh Bereshit, Oeuvre de la création,* de forme spéculative et au caractère mystique réunies en un seul. Doctrine imprégnée de magie et de mysticisme visant la connaissance de Dieu par l'approfondissement de la vie intérieure et une action sur l'univers par des moyens surnaturels.

8- J. Lacan, *Lituraterre* (la lettre, le ravinement), *Le Séminaire XVIII - D'un discours qui ne serait pas du semblant,* Paris, Le Seuil, 2006, p113.

9- G.C Scholem, *La Kabbale & sa symbolique,* Payot, 1966, p 40.
S. Casaril, *Rabbbi Siméon bar Yochai* , Paris Le Seuil.

10- On pourra consulter, pour une explication plus traditionnelle l'ouvrage d'Adin Steinsaltz, *La rose aux treize pétales*, introduction à la Cabbale et au judaïsme, Éd. Albin Michel, Paris 2008.
11- Selon notre lecture de textes provenant de Rabbi S. Bar Yochaï, dans la Coll. Maitres spirituels aux Ed. du Seuil.
12- Sepher Ha Bahir, premier essai de Kabbale systématique du XIIème siècle.

13- Ici je prends le parti de considérer l'hébraïsme comme l'ère antérieure au judaïsme rabbinique, d'où l'importance donnée à la cosmogonie, d'une ontogenèse à la fois de Dieu et de son oeuvre : l'homme, au travers de KIBEL.

15- J.- A. Miller, La Cause freudienne N°65, p121

16- Signification saussurienne

17- Mode d'exégèse du texte biblique codifié selon des règles de la tradition juive qui représente des ressemblances troublantes avec le mode d'interprétation freudien en psychanalyse.

18- C'est la thèse de C. Poujol-Signorello *Aimé Pallière, itinéraire d'un chrétien dans le judaïsme*, Paris, Desclée de Brouwer, 2003, qui fit connaitre Benamozegh et son livre, *Israël et l'Humanité*, Paris, Albin Michel.

BIBLIOGRAPHIE

S. Freud, *Zwangshandlungen und Religionsübungen*, GW, VII.
Actions compulsionnelles et exercices religieux.

S. Freud, *Névrose, psychose & perversion*, Paris PUF.

S. Freud, *Die Zukunft einer illusion, L'avenir d'une illusion*, (préface de J. André), quadrige, PUF, 1995, p3 *(lettre à Pfister du 25-11-1928).*

A. Leroi-Gourhan, *Le Geste & la Parole* (*technique & langage*), Albin Michel, 1964.

SUR LE SCHEMA DE L'ARBRE SEFIROTIQUE CI-DESSOUS :

nous interprétons le chemin parcouru depuis Malchout jusqu'à En Sof, en utilisant les notions de Réel d'Imaginaire et de Symbolique. de Lacan. Le graphe séfirotique montre l'ascension de l'humaine matrice Réelle vers la matrice de Dieu paradigmatique du Réel. Ce qui est en bas rejoint ce qui est en haut, comme une courbe en cercle qui se ferme sur elle-même : un antique graphe R. S. I, fig 2.

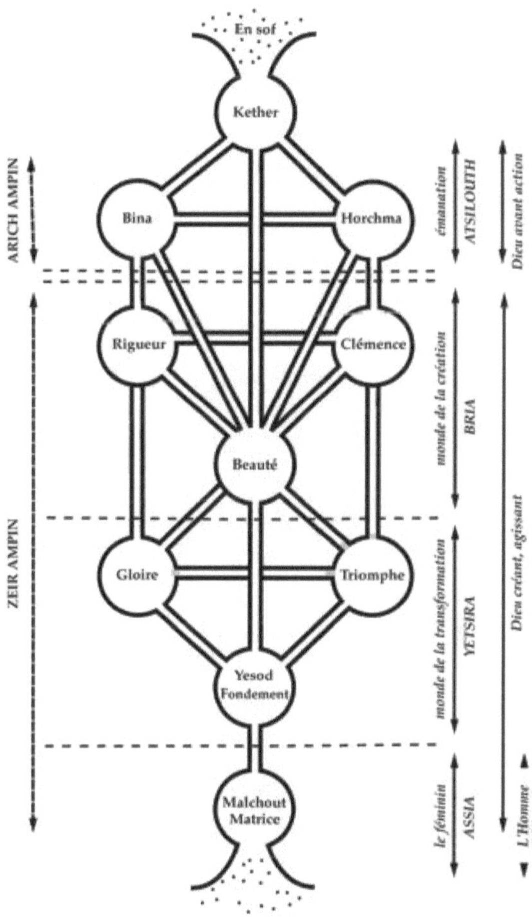

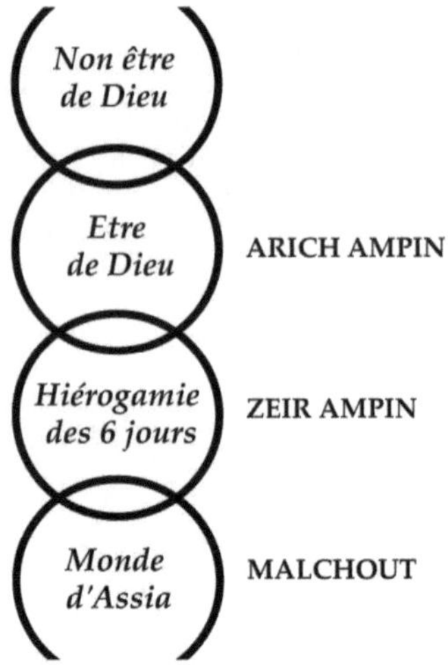

Non être de Dieu
Etre de Dieu
ARICH AMPIN
Hiérogamie des 6 jours
ZEIR AMPIN
Monde d'Assia
MALCHOUT

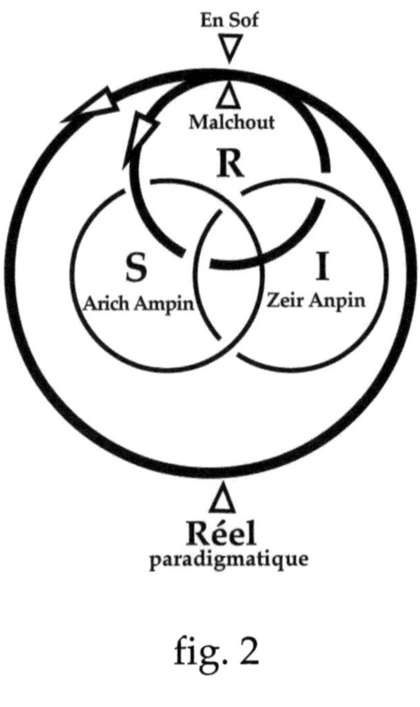

En Sof
Malchout
R
S
Arich Ampin
I
Zeir Anpin
Réel
paradigmatique

fig. 2

De la mémoire à l'hologramme

Du latin *mémoria* et de racine indo-européenne, la mémoire serait la faculté de conserver et de rappeler des états de conscience passés et ce qui s'y trouve associé, lieu de l'esprit où l'on garde nos souvenirs. Par extension à la technique informatique c'est le dispositif destiné à enregistrer des informations en vue de leurs conservations ou d'un traitement ultérieur.

D'après Hésiode Mnémosyne est la déesse de la Mémoire, fille d'Ouranos (le Ciel) et de Gaïa (la Terre), mais Hygin la rajeunissant de deux générations voit plutôt en elle une fille de Zeus et de la néréide Clymène aimée du roi des dieux de qui elle conçut les neuf Muses (assimilées aux Piérides). Elle est représentée par une femme qui soutient son menton dans une attitude de méditation d'autres anciens l'ont peinte sous les traits d'une femme d'âge presque mûr avec une coiffure enrichie de perles et de pierreries qui se tient le bout de l'oreille avec les deux premiers doigts de la main droite.

Freud, en 1891 écrivait la *Contribution à la conception des aphasies* où il décrit la conservation des souvenirs dans le cerveau ainsi que l'origine des maladies de la mémoire. Il tente de dépasser la théorie de Broca lui assignant une localisation cervicale ainsi que celle de Wernicke avec l'aphasie de conduction. L'hypothèse d'alors est basée sur la théorie des traces dans la relation avec le système : Conscient-Inconscient. *L'Esquisse* (1895), *l'Interprétation des rêves* (1900), le *Bloc notes magique* (1925), se situent dans la perspective d'une théorie métaphorique de la mémoire suivant le schéma : « traumatisme/refoulement/oubli -

symptôme / remémoration / guérison » qu'il étendra aux psychoses en 1937.
Certains humains au moment de mourir revoient toute leur vie dans un rapide flash back qui rassemble leur histoire à la manière d'un hologramme. Cette façon qu'a notre mémoire de se vider vers la conscience vigile est connue depuis des lustres même si le terme d'hologramme n'était pas utilisé pour la représenter. Avec les rescapés de ces instants énigmatiques qui nous les ont transmis, nous avons entre autres les expériences de *décorporation* (EMI) comme des aperçus d'une réalité profonde du sujet, bien au-delà d'une simple croyance religieuse effet d'un *religare*. Aussi des cinéastes, des écrivains, se sont-ils emparés de ces thèmes riches en émotions archétypales pour leur productions artistiques. C'est ainsi qu'en 1962 nous avions assisté au festival de Cannes à la projection de *La rivière du hibou*, de R. Enrico & C. Paigneau, qui eut une palme d'Or cette année là. *La rivière du hibou* raconte la mésaventure tragique d'un homme qu'on va pendre parce qu'il a traversé un pont durant la guerre de sécession, alors que c'était interdit par les militaires. Au petit matin on lui passe la corde au cou, mais au moment de l'exécution la corde casse et à demi strangulé il chute dans une rivière profonde se retrouvant libre au moment où il pensait mourir. Il entame alors un cent mètres sous l'eau avec le sifflement des balles qu'on tire sur lui. Survivant il va tenter de conserver sa vie tandis que les canons tonnent autour et qu'une trentaine d'hommes tirent sans arrêt. Durant tout ce scénario fait d'une succession d'hallucinations il revoit sa vie comme un story-board. Les plans s'enchaînent visualisés chacun comme un hologramme teinté d'une touche psychédélique qui s'ajoute au lyrisme de cet audacieux court-métrage qui raconte le bonheur d'être « sans fin - en vie », avec la capacité de rebondir *ad vitam*. Ici ce sont les arbres qui font rempart aux balles, là c'est

l'eau qui amortit un boulet de canon, ce prisonnier trompe la mort n'a de cesse de narguer celle-ci en tournant le dos à ses bourreaux. La nature est complice dans cette course folle vers la vie où les images oniriques s'interposent. Au fil de sa fuite il se change tour à tour en coureur des bois puis en animal sauvage, redécouvrant le contact de ses pieds nus foulant la terre. Il traverse une nature extravagante et merveilleuse qui semble construire une architecture végétale sous ses pas, l'on passe d'un tunnel de verdure à un couloir d'arbres qui permet la traversée d'un plan d'eau... etc. Ses sensations in vivo se mêlent à ses souvenirs dans un déroulement envoûtant, qui s'impose holographiquement à ses yeux ainsi qu'à ceux des spectateurs.

Un autre aspect de l'utilisation du concept d'hologramme fut le témoignage dans la presse cette fois, d'un écrivain, célèbre anthropologue à l'occasion de ses 100 ans, Claude Lévi-Strauss, qui interviewé dans *Le Monde* de janvier 1999 disait : « Montaigne dit que la vieillesse nous diminue chaque jour et nous entame de telle sorte que quand la mort survient, elle n'emporte plus qu'un quart d'homme ou un demi homme. Montaigne est mort à 59 ans, et ne pouvait avoir idée de l'extrême vieillesse où je me trouve aujourd'hui. Dans ce grand âge que je ne pensais pas atteindre et qui constitue une des plus curieuses surprises de mon existence, j'ai le sentiment d'être comme un hologramme brisé. Cet hologramme ne possède plus son unité entière et cependant comme tout hologramme, chaque partie restante conserve une image et une représentation complète du tout. Ainsi y a-t-il aujourd'hui pour moi, un moi réel, qui n'est plus qu'un quart ou la moitié d'un homme et un moi virtuel, qui conserve encore vive une idée du tout. Le moi virtuel dresse un projet de livre, commence d'en organiser les chapitres et dit au moi réel : C'est à toi de continuer. Et le moi réel, qui ne peut plus, dit au moi virtuel : C'est ton affaire. C'est toi seul qui vois la totalité ».

Comment pouvons-nous confronter l'intuition de Karl Pribram qui définit la mémoire *comme un hologramme* avec notre théorie psychanalytique ? Considérons que le noyau de la mémoire a un dénominateur commun, la métonymie ou le déplacement freudien, lieu où la partie contient le tout. La physique, la mathématique, la biologie[2] tentent de nous apporter d'autres explications, c'est à dire des modélisations de ce Réel asymptotique à notre compréhension humaine, mais aucune ne peut se superposer à l'autre elles restent complémentaires.

Si Lacan nous a expliqué que « l'Inconscient est structuré comme un langage », c'est pour insister sur le lien entre langage et mémoire.

Nicolas Boileau-Despreaux (1636- 1711) nous a laissé cet aphorisme : « ce qui se conçoit bien s'énonce clairement et le mots pour le dire viennent aisément », n'avait-il pas déjà l'intuition d'un lieu de mémoire insu de nous ?

Si Holo du grecque ancien *holos* signifie entier, l'holographie qui date de 1947 est une méthode de photographie restituant le relief des objets dans leur entièreté grâce à un jeu d'interférence de deux faisceaux de lumière monochromatique affectés à une matrice.

Cela nous a inspiré une métaphore de l'aperception du signifiant et du signifié dans leur condensation, conjonction représentative d'un objet issu d'une matrice mémoire insu du sujet, notre Inconscient, « trésors des signifiants » de Lacan. La parole inclut la mémoire de tous discours, elle procède ainsi de la symbiose de deux processus psychiques qui la constituent, le Processus Primaire (PP) et le Processus Secondaire (PS).

Le lieu du processus primaire est l'inconscient (ICS) où règnent signifiants (musique des mots) et signifiés (signification) qui ne sont pas liés.

Ce processus gère l'économie de l'inconscient et constitue les fondations des discours via la parole.
Le lieu du processus secondaire, le conscient (CS) où règne le primat du signifié (signification des mots), donc du sens (donné à un signifiant) d'où la raison, la logique, tout ce qui fait discours gère l'économie de ce conscient. Ici signifiant et signifiés sont liés pour donner sens aux images dont nous parlons. Lacan précise que le signifiant agit séparément de sa signification à l'insu du Sujet comme support matériel du discours. Le signifié est donc le sens commun d'une expérience relatée en discours, et signifiant et signifié sont deux réseau de relations qui se croisent mais ne se recouvrent pas.
Le premier est la structure synchronique du matériel du langage, le second est l'ensemble diachronique des discours. Ainsi les dictionnaires sont-ils des recueils de signifiés et la poésie pour sa part utilise des mots pour faire des homophonies des métaphores lesquelles sont les signifiants de l'auteur qui évoqueront ceux du lecteur : souvenirs, sensations et situations chères à une histoire intransmissible autrement, car tout ne peut se dire en totalité, aucun mot ne peut y pourvoir.
Lacan nomma l'inconscient freudien le « trésors des signifiants ». La mémoire, *errinnerung*, souvenirs, signifie faculté d'évocation chez S. Freud (*Index thématique*, A. Delrieu, Anthropos, 1997, 628-629). Mais il complexifie cette notion par l'idée de traces mnésiques, oubli, rêve, censure, souvenirs écran, souvenirs erronés...
« Une des propriétés principales du tissus nerveux, est celle de la mémoire, c'est à dire en somme, la faculté de subir /.../ une modification permanente » *(*10-1895, p319*).* « Le conscient et la mémoire s'excluent mutuellement » *(*6-12-1896, p154*).* « La mémoire de l'inconscient est infinie » *(*6-12-1896, p491*).* « La distinction entre conscient et

inconscient ne peut être appliquée à la mémoire. Retenir quelque chose n'a rien à voir avec la conscience ».
« Notre oubli normal est peut-être la scène où s'ébattent nos refoulements insatisfaits, c'est pourquoi l'enfant qui refoule peu, dispose d'une bonne mémoire.
Se souvenir n'est pas une énigme, c'est oublier, qui est un problème » (28-4-1909, p214-215). « Il existe une mémoire phylogénétique de l'individu » (3-10-1911, p205).

Georges Dumézil a étudié le développement des langues et nous a laissé son point de vue sur un aspect pré-langagier de l'*infans*[1] qu'il nomma - holophrastique. Depuis les époques les plus reculées de nombreuses théories furent développées mais aujourd'hui encore, savoir ce que le foetus acquiert durant la grossesse de sa mère *in utero* reste un mystère. Ce sont là comme des stades archaïques du pré-langage à l'origine de la formation de cette « mémoire insu » (ICS) du Sujet dont adultes, nous cherchons à découvrir les arcanes. Cependant, nous savons que dès la naissance le bébé préfère la voix de sa mère (premier Autre) à une autre voix. Nous savons aussi qu'il peut même identifier des sons comme étant plus prototypiques, qui pense-t-on, le distingue de l'animal. Le développement de l'*infans* est très progressif : on repère un stade pré-langagier divisé par le babillage, de la naissance à quatre ou six mois puis l'étape du premier mot jusqu'à dix huit mois.
Durant la première étape il essaie de produire des sons, de même que dès les premiers jours il semble pouvoir différencier ceux de la langue parlée dans son environnement des autres langues. G. Dumézil nous fait remarquer que tous les bébés humains ont cette capacité de prononcer ces sons de manière identique : c'est le stade holophrastique où un mot phrase contient tout un discours. Suivant le cours d'une deuxième étape, bébé

commence à nuancer ses productions sonores, priorisant les sons de la langue qui l'entoure dont il fera plus tard sa langue maternelle. Les sons qu'il produit avec (ou pour ?) son père seront différents des sons qu'il produit avec (ou pour ?) sa mère. Après quelques mois, perdant progressivement la capacité à distinguer les sons étrangers de ceux de sa propre langue (dite maternelle) il commence la création de classes de sons qui lui sont propres, tout en assimilant ceux des autres langues. Dès onze mois il a presque complètement perdu la capacité de discriminer les sons étrangers des sons de cette langue qu'il a faite sienne et le stade holophrastique situable de dix mois à deux ans chevauche ainsi légèrement le stade pré-langagier.

Durant cette étape universelle au petit homme on le voit s'exprimer par des mots ou des onomatopées isolés comme, *na....na...papa ...papa...tou..tou..* Quoique sa prononciation ne soit pas encore juste il est aisé de le comprendre. Ses parents sont souvent tentés de voir dans ses énoncés holophrastiques ou mots phrases, un énoncé incomplet du type, *regarde le toutou* ou, *je veux jouer avec le toutou.* Il est plus probable en fait que l'énonciation soit simplement l'expression de l'émotivité sorte d'onomatopée ou d'interjection créée par la vision de l'objet plus que le résultat d'un énoncé mal complété. Tout cela est universel pour tous les bébés (*infans*) humains.

Dans l'exemple freudien du « Jeu de la bobine », l'*infans* s'exclame *fort* puis *da* dans sa langue maternelle mais ne sont-ce pas là encore des holophrases ? Il jubile, il jouit du mot agrafé à l'évènement en même temps qu'il jouit de la pensée qui entoure ce vécu. Avant la publication des travaux de G. Dumézil puis de ceux de Lacan nous entendions le bébé s'exprimer en de courtes interjections qui n'en sont pas linguistiquement puisque n'ayant pas de fonction grammaticale. Mais cette jouissance que Freud remarque il l'interprète comme le début d'un

discours, l'entrée du petit homme dans le Symbolique dont le vocabulaire présage ce que Lacan nommera la - *lalangue* ou langue intime du parlêtre. Tout cela se joue au plus tard vers dix-huit à vingt-quatre mois. À ce stade précoce se construit donc dans cet *extime,* son inconscient, avec des signifiants globalisants en un seul mot un vécu indicible face au Réel qui ne peut pas se dire. Ainsi chez bébé, « l'Un unifiant, a une forme signifiante c'est l'holophrase ou prise en masse dans l'Autre des signifiants primordiaux nommés par Lacan, S_1 et S_2. Cet Autre du signifiant gélifié est celui du bain de langage, c'est à dire celui du signifiant dans son caractère synchronique ; ce n'est qu'avec la coupure que le signifiant de l'Autre va faire chaîne et donner son caractère diachronique au discours. Or ce qui fait coupure, c'est le signifiant même et il en résulte un reste l'objet (a) qui choit hors signifiant. Il choit dans l'intervalle des deux signifiants de la paire primordiale faisant effet d'incarnation, c'est à dire de réel, du sujet et de l'Autre ». (*L'enfant & la jouissance,* R. Lefort, Analytica 51, Paris Navarin 1987).
La thèse de Lacan ne rejoint-elle pas au niveau du borborygme *holophrasé* ce qu'il y a de plus primitif chez l'homme, ce lieu, psyché-soma indifférencié le représentant dans sa globalité inscrit dans le plus petit espace. Mais il n'est pas seul car «l'écriture, la lettre, c'est dans le Réel et le signifiant dans le Symbolique» (Lacan, *Lituraterre*).
Il s'agit de « savoir comment l'inconscient, que je dis être effet de langage puisqu'il en suppose la structure comme nécessaire et suffisante ... » (Lacan, *Séminaire XVIII,* Paris le Seuil, p 117 & 122). Mais (*Un discours qui ne serait pas du semblant)* comment articuler le *hiéroglyphe,* ce *cartouche,* ou *lettre réelle* avec les fonctions du corps dans les phénomènes psychosomatiques nommés PPS, par rapport au Symbolique ? D'autre part, que dire du regard intérieur du yogi qui peut visualiser holographiquement semble-t-il

un organe en fonction d'images issues d'un savoir préalable ? Ceci dans une pensée pseudo magique agissante où il se comporte comme son propre thérapeute. L'organisation intrapsychique de ces modes d'action nous laisse perplexe, néanmoins nous discernons la mise en fonction : du souffle, de nombreux éléments du système nerveux central ou périphérique, puis d'organes comme nous l'avions étudié dans des pratiques mystiques comme celle de l'Ésychiasme. La construction d'une image intériorisée, véritable hologramme intra-psychique peut prendre une consistance au-delà de celle d'une image ordinaire et avoir un effet de réel sur le corps. Ces constructions issues de pratiques mystiques ne peuvent-elles pas avoir leur symétrique dans un domaine qui serait à valeur thérapeutique. Ainsi peut-on imaginer une possible thérapie des PPS via un travail sur des holophrases ou des hologrammes figés dans une zone incertaine du Sujet ? L'effet d'image, création hors langage intra subjective utilise des symboles agissant sur la personne à son insu c'est-à-dire hors signifiant chaîné dans un discours mais pas sans action sur le corps et ses organes. Ainsi les rites, les rituels religieux en particulier, images subliminales ou non, leurs effets sont connus depuis des siècles. Les holophrases en feraient-elles partie par un effet semblable à un signifiant gélifié, figé, équivalent à un signe ou comme un hiéroglyphe ?
Si un hologramme, mirage possédant l'apparence d'un Réel immatériel, il n'en est pas moins constitué de photons c'est à dire de matière. Elle est pure forme comme un retour instantané du passé, image figée sur un support matriciel qui en émet une reproduction à l'identique hors subjectivité qui en serait l'emballage qu'on nomme souvenir. Dans le parcours inverse, de l'extérieur vers l'intérieur indicible de l'être, un concept qui a valeur d'holophrase est toujours Réel comme effet de la lettre sur

le corps, inscription directe hors signifiant hors signification. Dans la conversion hystérique de Freud le symptôme a du sens, sens qui reste à découvrir pour en éradiquer les effets. Il y a donc ici court-circuitage du psychisme dont l'inconscient freudien « structuré comme un langage » et la matière somatique, comme si le corps disposait de son propre lecteur-enregistreur de lettre ou signe holophrastique, notion d'un inconscient lacanien comme Réel. Peut-être est-ce là le pouvoir des images ?

EXEMPLE CLINIQUE

François est né alors que sa soeur avait 3 ans. Déjà à cet âge, elle présentait des bizarreries posturales et langagières qui auraient pu inquiéter ses parents. Très tôt dit-il ils formèrent un binôme où à la fois ils étaient séparés du monde familial et en même temps protégés du monde extérieur dans lequel ils étaient remarqués. Vers dix ans le couple parental se brisa et le père, via un psychiatre et un juge obtint la séparation des enfants prenant en charge l'aînée. Cette séparation se fit brutalement sans préavis, ni pour l'un ni pour l'autre enfant, François en a longtemps gardé une haine pour son père liée à une étrange solitude. Il mûrit comme un garçon introverti, n'ayant pas de capacité à s'attacher à une fille et peu à des copains. Vers vingt-cinq ans des somatisations multiples fixées autour du système neurovégétatif et du génital s'accompagnèrent d'une grave dépression et il dût être hospitalisé (PPS ?). Il engagea alors une psychothérapie après sa sortie. Au cours de ce travail, au-delà des évocations du père, des réminiscences autour des jeunes années avec sa soeur, il évoqua le lien étrange que le psychiatre qui l'avait suivi lors de leur séparation avait appelé : « un phénomène de gémellité ». Sa soeur diagnostiquée schizophrène avec des trais autistiques, avait partagé avec lui - « Son monde à elle», à un âge où il devait rencontrer normalement le « monde externe » des adultes pour atteindre définitivement le stade symbolique du langage, alors que sa soeur restait à un stade symbolique incertain plutôt de l'ordre d'un symbolique-imaginarisé, significatif de sa psychose. Il relate leur mode de communication préverbale fusionnelle comme certains jumeaux : des onomatopées de connivence, comme des mots phrases, d'une origine fusionnelle, mais étanche à la famille comme au monde extérieur.

Sa souffrance et son enfermement névrotique ultérieurs semblent nés de cette expérience durant laquelle il resta longtemps fasciné, vraisemblablement par amour pour elle. Plus âgée mais plus fragile, il l'avait prise sous sa protection morale et langagière. C'est lui qui la défendait dans la rue des moqueries des adultes, c'est lui qui à la sortie de l'école la protégeait des autres qui l'agressaient. Cette expérience accentua l'introversion de sa structure obsessionnelle qui se développa plus tard avec des troubles somatoformes graves (PPS) avant de pouvoir s'extraire de tous ces contenus douloureux refoulés. Après quelques années d'analyse, il put parler plus clairement de tout cela, mais garde dans sa relation à un animal domestique de substitution (objet transitionnel, D. Winnicott) de cette soeur aimée vivant actuellement dans un établissement spécialisé, la reproduction à minima, de leur relation par onomatopées ou holophrases ! Or ce que l'animal entend n'est que la sonorité à valeur de signifiant, c'est l'apprentissage bien connu des animaux domestiqués. Mais François continue d'utiliser ce mode de fonctionnement d'un mot phrase lorsqu'il s'adresse à lui comme avec sa soeur dans le passé. Avec des amis, il s'est surpris d'avoir établi aussi de ces onomatopées, véritables mots phrase à « usage privé, intime » au téléphone où dans de rapides contacts, « ça va plus vite » dit-il. Il en possède tellement l'usage, que cela semble une simple spécificité qui le caractérise. Actuellement il revoit cette soeur une ou deux fois l'an mais ce qu'il ressent chaque fois : « c'est que le temps a passé, elle ne m'entend plus, et je crains qu'elle ne m'aime plus, elle n'exprime aucun affect ». Leur monde commun n'existe plus, seule elle est restée dans le sien, et elle est de plus en plus autiste. François émerge difficilement comme une chrysalide nostalgique de ce cocon, cicatrisant ses somatisations et son coeur endoloris.

L'HOLOGRAMME, METAPHORE D'UN NOUVEAU SAVOIR

Partant de tous ces savoirs à la fois théoriques et perçus *in vivo* dans la clinique, notre attention fut attirée par un article dans la *revue Science,* il y a quelques années, qui traitait de la théorie holographique d'un certain Pribram.
Ce nouveau concept de la mémoire - *comme un hologramme,* avait aiguisé notre curiosité. Il n'y eut qu'un pas pour que dans une tentative d'élucidation nous relions ce processus aux signifiants et signifiés, dans leur utilisation post freudienne. Nous avons cherché à en savoir plus sur cette théorie nouvelle et même un voyage aux États Unis ne nous permit pas de retrouver cette documentation perdue. Par ailleurs, nos recherches ici restèrent vaines jusqu'au jour où, beaucoup plus tard le petit *daïmon* qui relie en permanence notre conscient à notre inconscient cessa d'affubler monsieur Pribram du prénom de Jack.
Pourquoi - Jack Pribram s'était-il imposé à notre esprit au lieu de Karl ? Clin d'oeil à l'analyse de l'analyste, cela n'exemplifie-t-il pas notre recherche : « la mémoire d'un refoulé », son lieu, l'inconscient ? Depuis, notre persévérance fut récompensée, l'*Autre* en nous a répondu à

notre désir. En effet, depuis la rectification du prénom, toutes ces recherches aboutirent au démarrage de cet essai.
Si l'holographie décrit un processus qui permet de projeter une image en trois dimensions dans l'espace, image en relief offerte au regard du spectateur sans l'intervention de lunette ou similaire, chacun peut voir ce phénomène qui n'est pas une hallucination. Cette image en trois dimensions provient d'une source soumise aux interférences de deux ondes, la particularité de cette source ou matrice est qu'une partie suffit pour reconstituer l'image en totalité, comme la métonymie (déplacement freudien) suffit à évoquer la totalité de l'objet métaphorisé (condensation freudienne).
Notre première intuition fut d'utiliser ce principe comme métaphore pour relier la source au désir de savoir et le support au Processus Primaire, où l'objet est représenté par un signifiant auquel est agrafé un ou plusieurs signifiés non encore liés. Puis rapprochant la théorie lacanienne de - synchronie & diachronie - nous percevons aussi deux réseaux qui organisent la détermination que le signifiant surimpose au signifié. Opposition de la langue à la parole : si « l'inconscient est structuré comme un langage », il y est là pour présentifier la mémoire du sujet.
L'opposition saussurienne synchronie-diachronie c'est « le système du signifiant ou du langage pour décrire synchroniquement le système du discours, à comprendre comme il a été dit dans le sens de parole pour décrire diachroniquement, que l'enfant y est d'emblée ». (Lacan, *Séminaire IV* p261 & 299 - 1994 ; *Séminaire V* p 31 & 493 - 1998 ; *Écrits* p 658 & 805-1996. Ed. Le Seuil).
Ainsi la synchronie pour Lacan est le mode du système signifiant qui conduit à la *lalangue,* née du jeu prélangagier de l'*infans* s'essayant à acquérir sa propre langue en fonction de celle du premier Autre, dit maternelle. La synchronie est alors l'acte de parole et la diachronie celui

du discours. Un premier réseau, celui du signifiant qui est la structure du matériel du langage, en tant que chaque élément y trouve son emploi exact d'être différent des autres, règle les fonctions respectives des éléments de la langue. Le second réseau serait celui du signifié, ou l'ensemble des discours, lequel réagit historiquement sur le premier. Ce qui domine ici c'est l'unité de signification cette unité renvoie toujours à une autre signification qui ne se réalise qu'à partir d'un piochage dans ce trésor inconscient, comme un Réel indicible.
L'oeuvre obtenue avec l'hologramme ne serait pas une version plane de l'image comme un signifiant pour un signifié, mais une image en volume contenant la multitude des agrafages possibles entre signifiants et signifiés.
C'est ce qui est étonnant, outre la propriété que chacune de ses parties puisse restituer l'ensemble, c'est de passer d'une topologie plane à une autre en volume, de la carte au territoire où la multitude des plans constituent un topos représentatif du Sujet.

RESUMONS

L'ensemble des informations constituant l'objet reste enregistré en chaque point de cette matrice mémorielle et le résultat constitue l'image immatérielle perçue comme un mirage, le tout est ainsi dans la partie comme une condensation selon le langage freudien ou métonymie selon *la poétique* de Jakobson utilisée par Lacan. C'est le regard du poète J. Prévert sur *La pomme* (J. Prévert, *Les mots,* Gallimard, 1993) qu'il fait tourner pour en découvrir les multiples facettes et tenter d'y voir l'impossible globalité qui est de l'ordre du Réel.
En effet « la somme des cartes n'est pas le territoire ». (Korzibski, *Sémantique générale*).

C'est pourquoi, nous dit le commentateur de K. Pribram : « Cette découverte montre que nous devons être prêts à prendre en compte des représentations nouvelles de la réalité ». Mais revenons aux travaux de Freud lorsque condensation et déplacement ou métaphore et métonymie sont utilisées pour évoquer ou retrouver un événement comme un un trauma, la chose perdue ou refoulée. Dans une lettre *à Wilhelm Fliess (1887-1904,* PUF, *2006*) il dit, au sujet du processus primaire, qu'il est préverbal et onirique d'origine que c'est un état irrationnel de la libido vivant dans le présent immédiat et n'est pas en mesure de différer le plaisir. « Il produit une image mémoire d'un objet nécessaire pour obtenir une gratification dans le but de réduire la frustration, de ne pas avoir été gratifié pour le moment. Ne se développent que les frustrations des rencontres, identifiant de ses désirs, et cela fonctionne parce que pour l'identifiant une image est la même que l'objet (une identité de perception) ».

Le monde onirique fonctionne ainsi utilisant le déplacement, métonymie et la condensation, métaphore.
Deux sources possibles deux entrées informatiques dans notre disque dur d'un même souvenir, image/matrice résidant en un lieu de notre psyché (A̸= inconscient).
N'en sera restitué qu'une illusion, construction imaginaire d'un passé réel omniprésent comme un hologramme, pour le sujet qui désire atteindre ce « souvenir insu » de lui.

*

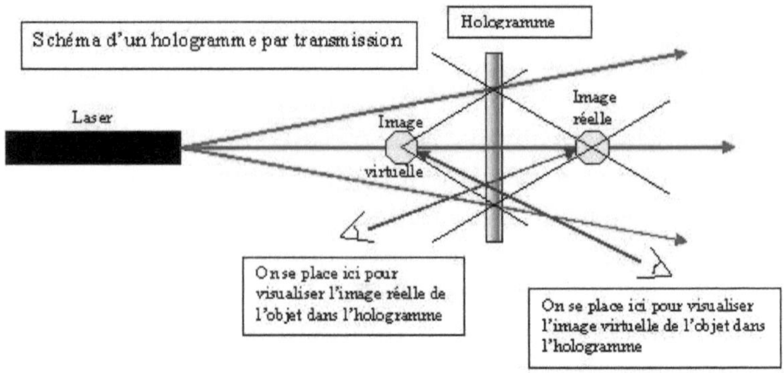

Le Sujet peut se positionner à deux places différentes, l'une d'où il voit la réalité (Images), l'autre d'où il perçoit une réalité virtuelle subjectivée.

*

L'HOLOGRAMME SOURCE D'INSPIRATIONS NOUVELLES.

Karl Pribram puis David Bohm s'écartant du lourd héritage de la physique classique et quantique ont mené respectivement des recherches sur des axes différents et ont abouti à une même conclusion : l'univers perçu ne serait qu'une gigantesque illusion, comme un hologramme. Mais celui-ci est bien matériel puisqu'il est constitué de particules. Une explication scientifique de ces travaux nous est donnée de manière abrégée : « Le cerveau reçoit des fréquences qu'il doit décoder : voir, sentir, entendre... correspondant à des paquets d'ondes qu'il traite, et ces calculs complexes sont perçus par la conscience comme étant la réalité (sons, images, odeurs...) d'un Réel ».

Neurologue Karl Pribram a pensé que ce décodage suivait un processus permettant à une énorme quantité d'informations d'être stockée dans un volume infime.

Le cerveau (système nerveux central, substratum de la psyché, objet physique des recherches de la science moderne[2]) construirait une réalité concrète en interprétant les fréquences mais en interposant ensuite des filtres pour que notre conscience ne soit pas submergée par les informations. Il poursuit, évoquant les états modifiés de conscience, « comme un abaissement des seuils de filtrage qui changerait notre perception de la réalité, nous permettant de mieux participer, de mieux nous sentir liés au Cosmos, transcendant l'espace et le temps pour être une partie de la Réalité Ultime ». L'approche asymptotique du Réel n'est alors que l'expérience mystique ou celle des utilisateurs de drogues hallucinogènes, psychédéliques ...
K. Pribram n'est pas le seul à s'intéresser à ce domaine. Des psychiatres américains en 1985, l'Américain Stanislav Grof, directeur du Centre de recherches psychiatriques du Maryland déclarait que le modèle holographique était le seul à pouvoir expliquer les expériences archétypales à savoir les rencontres avec l'inconscient collectif et des états modifiés de conscience. En 1987, le physicien canadien David Peat de la Queen's University soutint que la synchronicité c'est à dire « ces coïncidences insolites et si riches de sens qu'elles ne peuvent résulter du seul hasard » trouveraient leur (ou une) explication dans le modèle holographique[3]. Nous avons là en quelque sorte la résurgence des théories de C. G. Jung, ex-freudien que poursuivit inlassablement Marie Louise Von Franz son élève, avec ses travaux. Les physiciens supposent qu'au delà de la matière, vers l'infiniment petit, notre univers serait constitué d'énergie et d'informations. Ainsi y aurait-il une matrice énergétique qui sous-tendrait la matière et

constituerait son information comme l'ADN est l'information de la cellule qui la contient. C'est cela le monde de « l'Univers holographique » de K. Pribram où la matière et ses « paquets d'énergie » résulteraient de champs d'interférences. De ce point de vue notre réalité serait alors comparable à un hologramme qui ne serait pas seulement fait de lumière comme ceux issus de notre technologie humaine mais un hologramme fait de matière ; ceci étant notre seule perception possible en tant qu'humain. « Notre existence ainsi que le monde tels que nous les percevons ne seraient qu'une illusion ? » F. Grégoire, 1954 (travaux du professeur Stanislav Grof et sa théorie du labyrinthe).

LE REGARD DE LA PSYCHANALYSE

a- Allusion au refoulement originel initiateur avec son pouvoir de potentialisation des refoulements ultérieurs. S'il y a un reste au processus holographique après que l'image fut projetée vers la conscience du sujet, ce serait la trace indélébile d'un signifiant, qui ne meurt pas et reste à nous signifier potentiellement comme $Sujet, quel que soit l'oubli ou le non-retour du refoulé ? Un trauma induit une image figée, décrit Freud et l'approche psycho-soma lacanienne prévoit un signifiant « gélifié ».
La psychanalyse, jeu de forces contraires pour aller vers « l'Autre savoir » celui de notre Inconscient, contiguïté entre présent et passé, entre la castration et la jouissance, qui montre que notre inconscient se moque de la contradiction, il joue au *Witz.* L'éclairage induit par notre hypothétique faisceau laser n'est pas uniforme, ce « *fait sceaux* » toujours divisé, l'un poussant vers la réalité l'autre conservant un reste. Tout ne revient pas à la mémoire tout ne peut pas se dire. Freud (6-12-1896. 1950a) écrit (p154) que « le conscient et la mémoire

s'excluent mutuellement » puis (p215) que « se souvenir n'est pas une énigme, c'est oublier qui est un problème », enfin (3-10-1911. 1975a, p205) n'annonce-t-il pas qu'« il y a une mémoire phylogénétique de l'individu ».
b- Dans *L'esquisse d'une psychologie scientifique,* évoquant la mémoire il parle de « la perméabilité et l'imperméabilité de deux sortes de cellules nerveuses constituant deux sources différentes : Φ et Ψ ». Pour les stimuli provenant de l'extérieur, il nomme les neurones Φ et pour ceux qui sont en provenance du corps les neurones *Ψ*. Les excitations sensorielles arrivent par Φ les premières la puissance de ces Φ étant plus forte que celle des secondes. Il imagine que leurs extrémités périphériques soient disposées comme un écran pouvant surmonter aisément les résistances opposées par la barrière de contact Φ.
Ces Φ laisseraient alors passer sans modification un courant d'excitation venant de l'extérieur des nerfs afférents, et les Ψ conserveraient les traces en permanence de toutes les excitations (dans les cellules du système nerveux central). Déjà dans sa *Contribution à la conception des aphasies* (Paris, PUF, 1983, p 53, 123, 127, 153, 154), il décrit que « le processus physiologique du langage se présente comme un réflexe cérébral. On cite en général, quatre composantes de la représentation du mot : l'image sonore, l'image visuelle de la lettre, l'image motrice du langage et l'image motrice de l'écriture. Du point de vue psychologique nous avons défini le mot comme un ensemble de représentations et indiqué qu'il était rattaché par son extrémité sensible, à partir de l'image sonore, à l'ensemble des représentations d'objet ». Ces hypothèses de Freud n'équivoquent-elles pas les singularités de notre hologramme, où un des deux faisceaux éclaire l'objet, réfléchissant la lumière de manière qu'une partie de celle-ci arrive sur la plaque photographique (mémoire matrice), l'autre faisceau se comportant comme enraciné dans le

passé. L'un des deux réactualise ainsi ce morceau de passé préservé en une image prise en compte par le sujet.
La lumière réfléchie par l'objet et celle issue du laser, se rencontrent sur l'écran mémoriel produisent des interférences : soit les deux faisceaux s'annulent et des endroits ne sont plus éclairés, soit au contraire les deux faisceaux se renforcent.

c- D'autre part Freud nous donne une définition de l'hallucination, qui n'est pas loin d'évoquer un fonctionnement holographique. L'hallucination serait issue de l'association de deux images mnémoniques, celle du besoin, du désir ou celle de la satisfaction. La réception de la première peut, lorsque le désir est intense réactiver les associations « dès la réapparition de l'état de tension ou de désir, la charge se transmet aussi aux deux souvenirs et les réactive /.../, cette réaction, j'en suis persuadé, fournit tout d'abord quelque chose d'analogue à une perception c'est-à-dire une hallucination » (Freud, 1950a).

RECAPITULONS

Avec ces tentatives d'extrapolations sur une telle trouvaille scientifique ne sommes-nous pas confrontés en apparence à une quête bicéphale de deux regards en quête de savoir. Un **regard**$_1$ et un **regard**$_2$ où le $\not{S}$ujet est situé entre, comme dans le mathème lacanien $\mathbf{S_1}$ **-** $\mathbf{S_2}$.
Mais pouvons-nous échapper à ce que le corps premier lieu où les inscriptions exposées, vues par Lacan dans *La logique du fantasme,* leçon du 10 mai 1967, (Lacan, *Séminaire XIV*), et dont le cross cap nous montre que l'ordre intérieur est en continuité avec l'ordre extérieur.

Autre démonstration de topologie avec « l'asphère » où en volume nous avons l'équivalent la bande de Mœbius en plan. Là « la Psychosomatique » pose son énigme.

Côté science moderne la curiosité est sans limites, regard$_1$ des hommes vers les secrets du monde et de la nature. Avec la psychanalyse, c'est différent. Rappelons à l'occasion les vieux grimoires brûlés au moyen âge par peur du diable où étaient décrit la praxis (diabolique) magique : « l'acte juste provient d'un dire juste au moment juste », soit regard$_{2.}$. Nous ne sommes pas loin de l'interprétation en psychanalyse. C'est plutôt ici, la mise en rapport chez l'homme, du **su** (CS) et de l'**insu** (ICS) de lui-même c'est-à-dire son regard$_1$, celui qui veut rationaliser le regard$_2$. Ainsi, notre regard$_1$ du côté de la science et le regard$_2$ du côté de l'ex-âme nommé psychisme aujourd'hui forment-ils le tout du $Sujet.

Nous sommes confrontés à deux domaines différents, l'un extérieur ou monde physique, et un monde intérieur ou vécu comme tel, qui tous deux nous constituent et rien encore ne permet de faire un pont, de passer logiquement de l'un à l'autre.

Que nous apporte donc l'hologramme ?

***

Conclusion

La psychanalyse, tout le monde en parle aujourd'hui, pour en dire plutôt du mal, les médias s'en font le vecteur. Mais de quoi parle-t-on sous ce vocable ?

Il y a par ailleurs sous le nom de « psychothérapie » une quantité non négligeable de pratiques évaluées et quantifiées dont le but reste le bien du patient tout au moins cela semble en être un objectif éthique.

Ainsi face à sa solitude, le psychanalyste reste toujours à être défini pour un public avide de savoir et de garanties face au mystère du psychisme qu'il invoque et théorise dans sa pratique par la parole à partir d'un Inconscient.

Il y a les bien-pensants, pour qui c'est une psychothérapie ou peut-être « La psychothérapie dynamique » par excellence, paradigme d'autres thérapies subalternes. D'autres encore croient, mais se gardent bien de le dire, que ce serait une initiation, vu le risque de ne pas être politiquement correct au sein des écoles et instituts qui les hébergent. Tous ont à la fois raison et tort, mais celui qui s'est rapproché de la plus juste définition me semble-t-il, c'est Lacan, c'est simplement « une expérience où il se passe des choses dans le cadre d'une éthique du bien dire ». Ainsi les effets de la psychanalyse relèvent pour les uns du miracle avec la disparition du symptôme handicapant, pour d'autres ce sera la découverte d'une plus grande densité d'être et d'un mieux-vivre, pour d'autres enfin la visée du « *Connais-toi toi-même*» vers une liberté d'ouverture sur soi et le monde.

Mais un certain nombre de demandes n'arrivent pas au terminus et se retrouvent en marge car au cours de ce

« long travail », ils ont perdu le but désiré résulte alors pour eux un avortement au lieu d'un accouchement. N'ayant pas acquis le potentiel attendu ou la rémission totale de leurs symptômes, ils peuvent encore attendre d'une seconde ou n-ième tranche (comme on dit aujourd'hui) de psychanalyse, le dépassement de leurs résistances. Trop souvent ces sujets sont arrêtés, soit par des défenses soit par la perte de leur analyste, ou tout autre évènement qui ont fait pour eux rupture ou effet de deuil... . C'est parmi ceux-ci que se rencontrent les plus farouches détracteurs de Freud, qui se rabattent alors sur des pratiques quantifiables, évaluables, scientifisables (*scientifesable)* que les avatars de la Science vulgarisent de nos jours : ceux-là représentent un symptôme d'échec.

La psychanalyse infiltre beaucoup de domaines comme nous venons de le voir dans cet essai: ceux des mythes, de l'histoire, et, bien entendu, la clinique psychiatrique, les processus psychosomatiques, et même la biologie.

Mais il ne faut pas oublier, qu'il y a une différence majeure entre la théorie psychanalytique appliquée à un thème, souvent psychosocial, qu'il soit mythique ou non et la pratique d'une psychanalyste c'est à dire en tête-à-tête (allongé ou non) avec un patient, l'analysant, c'est-à-dire la « psychanalyse pure » la cure, de la « psychanalyse appliquée » qui porte le même nom de psychanalyse.

Depuis Freud celle-ci peut-elle être considérée comme un objet de la science même si elle ne s'inclut pas dans les modèles contemporains (*Remarques sur la fonction du langage dans la découverte freudienne*, in *La Psychanalyse I*, E. Benveniste 1953-1955, p. 3-4). Quelle mécanique quels engrenages remuent nos mots ces signifiants, sortant de notre bouche qui les formule et quid de l'infiniment petit organique qui les sous-tend ? Les connections neuronales voir même en deçà de celles-ci l'objet des dernières recherches quantiques ?

Aujourd'hui la recherche fondamentale et les spéculations en physique ont progressé dans *l'infiniment petit* et *l'infiniment grand*, ainsi Hubert Reeves astrophysicien fait-il allusion aux travaux de K. Pribram, évoquant certains mécanismes cérébraux qui relèveraient de systèmes quantiques à grande échelle.

E. Schödinger écrit : « Les éléments d'ensemble macro-moléculaires, en particulier génétiques, propres à l'être vivant sont comme toute structure matérielle régie par les lois de la mécanique quantique ». (*Qu'est-ce que la vie,* E. Schödinger, C. Bourgeois, 1986, p198). De son côté Niels Bohr avait suggéré que la pensée impliquerait de si petites énergies dans le cerveau qu'elle doivent êtres régies par des effets quantiques (N. Bohr, *Atomique and the desciption of nature,* Cambridge University Press), ce qui fut repris par David Bohm (D. Bohm, *Quantum théorie,* Prentis Hall). De nos jours les nanotechnologies envahissent beaucoup de publications scientifiques, tous ces chercheurs de l'infini ne rejoignent-ils pas les questionnements de l'école du Palo-Alto d'il y a 40 ans déjà pour qui une réponse transfinie serait celle que cherche la science dans *l'infiniment grand* ou *l'infiniment petit ?*

Nouvelle quête de Dieu, renaissance de « l'éternel » qui ne meurt pas dont la science serait asymptotique ?

La croyance change, la technologie, la science devenue plurielle font des merveilles mais l'homme psychique-ment a-t-il changé depuis cinq mille ans ou plus ?

Les papyrus médicaux de l'antique Égypte avec Ebers, Kahoun et quatre autres ne nous décrivent-ils pas avec poésie la plupart des symptômes psychiatriques répertoriés aujourd'hui ?

Les nomenclatures américaines (DSM) de recherche à l'origine, devenues cliniques de nos jours, ne font-ils pas que regrouper en syndromes les symptômes de la psychiatrie des XIXe et XXe siècles en une nouvelle mouture ? Enfin, passant de la communauté scientifique et médicale à celle de l'État, est née un concept de quantification et d'évaluation des masses souffrantes : fantasme de soins pour tous, une sorte de « sécurité sociale » pour le mental, la psyché de chacun. Le concept, sous le vocable de *La santé mentale,* est véhiculé dans les médias, entraîne des thèmes politiques et économiques. *La Santé mentale* interpelle, car si un certain polyglottisme nourrit le fantasme de dissoudre tous les malentendus, le mal entendu reste de structure. En effet ce thème remet en question la cause des consensus sociaux hérités d'une tradition psychiatrique plus que séculaire.

Aujourd'hui la psychiatrie est l'objet de visées technocratiques qui sous prétexte d'organisation économique et rationnelle n'aspire qu'à sa disparition, la résorbant dans le cadre d'une médecine généralisée perçue comme une ingénierie de la santé, avec statistiques et protocoles techniques. Nombreuses sont les nouvelles pratiques scientistes : psychothérapeutiques et neuro-pharmaco-logiques qui prétendent assurer un « service à tout faire ».

Aux USA, Ethan Watters dans son ouvrage, *Globalisation of the américan psyche, crazy like us,* dénonce comment le langage *DSM,* en particulier celui du *DSM IV* se propage mondialement, s'imposant, court-circuitant les pratiques établies de chaque « médecine » des troubles mentaux. L'enjeu économique avatar de la mondialisation est manifeste, car une fois « la maladie » ainsi exportée puis syndromisée globalisée, s'ouvrent alors de nouveaux marchés pour la psychopharmacologie ainsi que pour des techniques thérapeutiques qui se prétendent universelles, niant le particulier. Il se trouve que la psychanalyse risque aussi de tomber dans une semblable ornière.

Avec Freud elle fut un complément indispensable à la psychiatrie en découvrant les fondations de la vie intime de chaque humain au-delà des philosophies, et la tentation de la codifier n'échappa pas à certains qui se voulurent orthodoxes en la matière. Avec la parution en 2010 de l'ouvrage de Manfred Pohlen *En analyse avec Freud*, relatant la cure d'Ernst Blum en 1922, nous avons accès à un travail de Freud avec un patient en direct à partir des notes personnelles de l'analysant séance après séance (apparemment non-expurgées). Nous y découvrons un thérapeute plein de bon sens n'hésitant pas à intervenir, plein d'idées et d'humour sur la base parfois même d'un dialogue avec son patient. Ces procès-verbaux mettent en lumière ce que Freud avait recommandé aux jeunes analystes, c'est-à-dire repartir de zéro à chaque nouveau cas, on pourrait même ajouter qu'il y a autant de psychanalyste que de patients, à chacun le sien, sans protocole ni standard. L'approche puis la thérapie du patient doit se faire *Un* par *Un* : autant de psychanalyses que de psychanalystes, comme il y a autant de psychanalyse que de patients en analyse. Ceci n'exclut ni ne rejette aucunement les fondations axiomatiques de cette pratique. Ainsi il n'y a de psychanalyse à minima que si on admet l'inconscient du sujet, qu'on accepte l'étiologie sexuelle des névroses, l'acceptation d'un corpus psychanalytique qu'il faut respecter tout en restant ouvert à une clinique en évolution. Mais « La Science » celle de la matière qui fait merveille chez elle, se mêle aujourd'hui de tout, ses tenants veulent l'exclusivité de leurs pratiques en particulier dans ce qu'elle touche au psychisme humain. Ses partisans croient pouvoir y importer leurs axiomes leurs méthodologies dans le domaine psychique, comme le tsunami de la mondialisation apporta avec lui « La santé mentale », signifiant d'une signification qui se veut objet de la science, comme si on pouvait parler indifféremment de *L'économie mondiale*, de *La santé mentale* ou du *Réchauffement climatique*, thèmes globalisants faisant de l'*Un* non pas un sujet mais un matricule, une particule d'un tout, un élément statistique : comment soigner un chiffre ou un matricule ?

L'homme ne semble pas muter, seule la découverte de sa vie psychique se vulgarise se répandant sur « *La toile-internet* ». Le savoir n'est plus réservé à une élite, laïque ou cléricale il est jeté en pâture à tous et à chacun de faire son marché. Les fantasmes de certains sont de voir se conjoindre en une approche unitaire la biologie la physique et la psychanalyse ainsi que d'autres sciences de l'esprit, mais actuellement ce sont des domaines encore séparés par beaucoup de certitudes et d'axiomatiques propres à chaque discipline.

Après Copernic et Darwin, Freud bouleversa les idées reçues, n'écrivait-il pas dans *Dostoïevski et le parricide,* (*Résultats, idées, problèmes II,* Paris PUF, 1985) que la psychanalyse veut prouver au moi « qu'il n'est même pas maître dans sa propre maison ».

Avec C.-G. Jung le « connais-toi toi-même » de Freud ne conduit-il pas au *Wu-Wei* c'est-à-dire : « non-action (consciente) au laissez faire inconscient qui serait plus performant (que l'acte du Moi). Notre inconscient est ici équivalent à la mère nourricière de Lao-Tseu et la pensée du philosophe nous dit « attendez de voir ce que votre inconscient dit de la situation », « un chemin n'est le chemin que lorsqu'on le trouve et qu'on le suit par soi-même», vrai désir ? (C.-G. Jung, *The integration of personality*, Rinehart, New York 1939, p 31-32).

Il n'existe donc pas de prescription généraliste concernant ce que l'on doit faire pour chaque « UN », chacun.

Mais cette proposition représente aux yeux de la mégalomanie humaine actuelle, une insulte qu'elle ne peut tolérer. (*Rêves de Freud,* S. Moses, Paris, Gallimard 2011, p.62 à 64).

***

Mamée (*1873-1972*)

Freud *(1856-1939)*

Marie Bonaparte *(1882- 1962)*

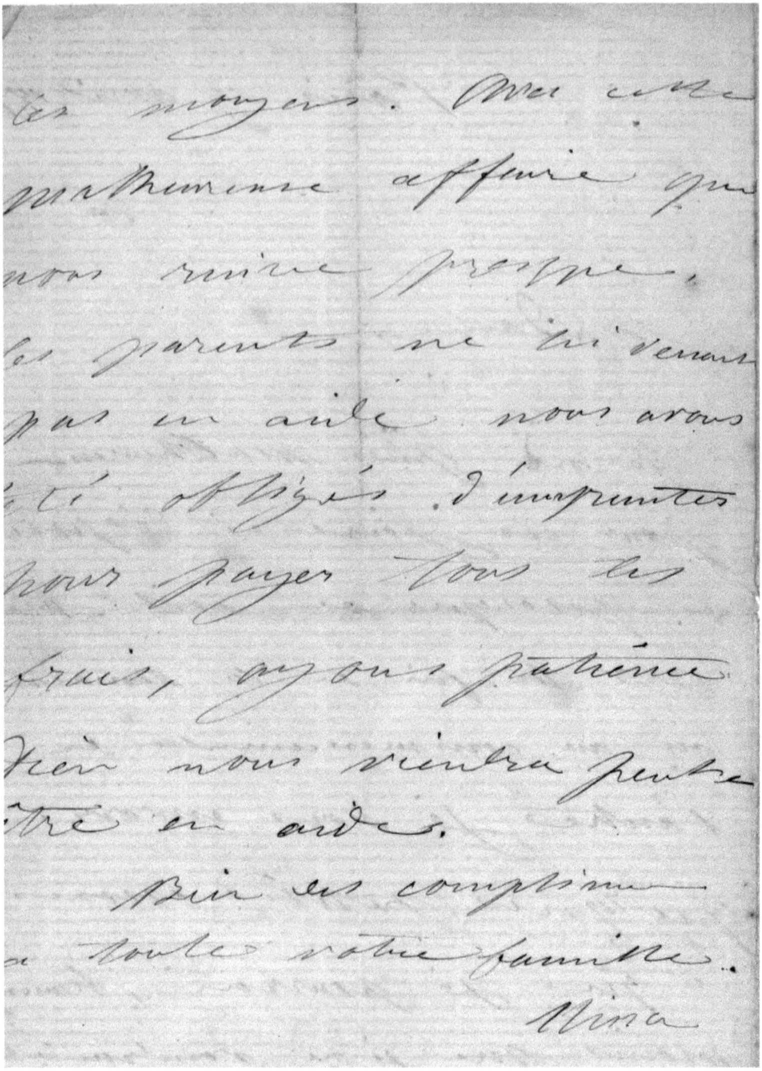

tes moyens. Avec cette
malheureuse affaire qui
nous ruine presque.
les parents ne lui venant
pas en aide nous avons
été obligés d'emprunter
pour payer tous les
frais, ayons patience
Dieu nous viendra peut-
être en aide.
Bien des compliments
à toute votre famille.
Nina

Lettre de Nina, épouse de Pierre Bonaparte,
Mère de Marie à mon arrière grand-père maternel,
Père de Mamée.

Bibliographie générale

1- FREUD ET LE JUDAÏSME

http://www.dicopsy.com/spiritualite.php/_/judaisme/freud-la-psychanalyse-la-cabbale-et-le-bnai-brith-r213

B'nai B'rith Magazine, septembre 1925, janvier, mars, avril 1926.

Adélie et Jean-Jacques Rassial-Hoffenberg, *La Psychanalyse est-elle une histoire juive ?*, le Seuil, 1981.

2- DIVERS

Annales médicales N°5-6, Athènes, 1963

Buckley E.F. *Légendes de la Grèce antique*, Paris Payot, 1931

Charon. J-E., *L'homme à sa découverte*, Paris Le Seuil, 1963

Cyrulnik B., *Mémoire de singe et paroles d'hommes*, Hachette littérature 1983 et collection Pluriel 2012.

Delcourt M. *Eurypide*, Paris, Éditions de la Pleiade, 1962

Delcourt M. *Oedipe ou la légende du conquérant*, Paris Les Belles Lettres, chap. IV & V, 1944

Des Hommes comme nous, Paris, R. Laffont

Dictionnaire encyclopédique d'histoire, Paris, Bordas

E. Jones. *Freud*, Vol & II, Paris PUF

Ewin Schrödinger, *Science & humanisme*, Paris Le Seuil, mars 1992.

Freud S., *Abrégé de psychanalyse*, Paris Gallimard.
Freud S., *Cinq Psychanalyses*, Paris, Payot, 1954.
Freud S., *Propos sur le transfert*, ibid. *Propos sur l'hystérie*, ibid.
Freud S., *Psychopathologie de la vie quotidienne*, Paris, Payot, 1963.
Freud S., *Index thématique*. Alain Delrieu, Economica 2008, p628
Freud S.,*Esquisse pour une psychologie scientifique, 1895, La naissance de la psychanalyse, Lettres à Wilhelm Fliess 1887-1904*, Paris, PUF, 2006.
Freud S., « *Contribution à la conception des aphasies* », Paris, PUF, 1983.Freud S., *Un nouveau regard*, Paris, PUF 1986.

G. Dumézil, *Les stades linguistiques chez l'enfant, Le Talon d'Achille*, Calmann-Lévy, 1957.

J. Lacan, *Propos sur l'hystérie*, conférence à Louvain, Quarto 2, 1977.
J. Lacan, *Écrits*, Paris, Seuil, 1966.
J. Lacan, *La Troisième*, Lettres de l'École freudienne n°16.
J. Lacan, *Séminaire XI*, « l'holophrase », Paris le Seuil.
J. Lacan, *Séminaire XX*, « la Lalangue ». Paris, le Seuil.
J. Lacan, *Propos sur l'hystérie*, 1977.J. Lacan, *Lituraterre*, Conférence du 12 mai 1971, incluse dans le Séminaire- *D'un discours qui ne serai pas du semblant*, texte publié aussi dans *Littérature N°3*, Paris, Larousse, 1971.

K. H. Pribram et M. M. Gill, traduction de A. Rauzy

Le Projet de Psychologie scientifique de Freud : Un nouveau regard, Paris, PUF, 1986.

Lucrèce Luciani-Zidane, *L'acédie* (de St. Paul à Lacan), Cerf 2009.

Nicolaïdis N. *Proto-Oedipe oedipisé, une approche de la pensée mythique: le mythe considéré comme langage*, Studia philosophica, Bâle, p208-237. 1966

R. Kuhn, *Contribution à la conception des aphasies*, Paris PUF
Sigmund le tourmenté, Table ronde, 1972.

P. Valas, J. Guir, *les PPS, études psychosomatiques*

Paul-Laurent Assoun : *Introduction à l'épistémologie freudienne*, Payot.

La synchronicité, l'ame et la science. Paris A. Michel

Roudinesco E. & Plon M. *Dictionnaire de la Psychanalyse*,
(Lettre de Freud du 15 octobre 1897) Paris Fayard, 1997

Yeshayahou Leibowitz, *Corps et esprit*, Paris Cerf 2010

*

À ma fille Claire
le Dr. Jalkh-Despierre

*

Tous remerciements pour leur précieux concours
à tous ceux
qui m'ont accompagné depuis mes débuts
sur ce sentier escarpé.

En particulier

Anne Djamdjian ma compagne,

le Professeur Didier Cremniter,
le Dr. Roland Broca,
et Claude Duprat,
mes fidèles compagnons.

Table des matières

Psychologie et psychanalyse aux éditions L'Harmattan

Dernières parutions

REGARD D'UN PSYCHANALYSTE SUR LA SOCIÉTÉ
Brodeur Claude
Lorsqu'un psychanalyste va dans la cité, il s'interroge : qu'est devenu le désir de l'homme dans une société de la marchandise et du capital ? Et son lieu propre n'est-il pas dans la sphère de la culture face au monde envahissant de l'économie ? Ou encore : la liberté n'est-elle pas un trop lourd héritage ? Tout comme Marx pour la chose marchande, Freud a libéré la chose sexuée ; celle-ci ne doit jamais être un objet fétiche et ainsi échapper au désir profond de l'homme.
(Coll. Psychanalyse et civilisations, 13.50 euros, 126 p.)
ISBN : 978-2-343-00948-3, ISBN EBOOK : 978-2-296-53923-5

FIGURES DE L'INFANTILE
La psychanalyse dans la vie quotidienne auprès des enfants
De Lajonquière Leandro
La psychanalyse permet d'interroger le statut de la parole adressée aux enfants et ainsi d'élucider les conditions de l'éducation, soit familiale, soit scolaire. C'est à partir de cette thèse - développée sans recours au langage obscur trop répandu dans le champ - que le débat actuel autour de la disparition de l'enfance moderne, dont participent cliniciens, pédagogues, historiens et sociologues intéressés à l'enfance, est revisité par Leandro de Lajonquière.
(Coll. Enfance éducation et société, 24.00 euros, 246 p.)
ISBN : 978-2-343-00680-2, ISBN EBOOK : 978-2-296-53722-4

HOMME (L') ÉMOTIONNEL
Margaron Henri
La conscience naît-elle de nos émotions ? S'appuyant sur une connaissance approfondie des neurosciences, l'auteur nous propose une lecture de la nature et du rôle de nos émotions. De ce dialogue entre biologie et sciences humaines se dessine le profil d'un homme libéré de toute exigence métaphysique sans être réduit pour autant à son simple cerveau et qui apprend à devenir lui-même grâce à ses extraordinaires capacités de se rapporter à ses semblables.
(22.00 euros, 220 p.)
ISBN : 978-2-336-00727-4, ISBN EBOOK : 978-2-296-53891-7

SCHIZOPHRÉNIE ET CRÉATION ARTISTIQUE
Bela Mitricova-Middelbos
L'auteur s'interroge sur les relations entre la schizophrénie, affection psychique grave conduisant à la désagrégation de la personnalité, et le processus créateur. À l'aide des théories de la psychanalyse, l'activité créatrice est analysée ici comme

un processus qui passe parfois par des étapes particulièrement douloureuses de la «descente aux enfers», ou le retour aux souvenirs du passé lointain. L'art est-il une «folie contrôlée « ? La folie est-elle une source inspiratrice de l'art ?
(Coll. Art-thérapie, 15.50 euros, 152 p.)
ISBN : 978-2-343-00400-6, ISBN EBOOK : 978-2-296-53734-7

AVEC LE TEMPS
Se reconstruire après la violence conjugale
Van Hooland Michelle
Les histoires de résilience présentées dans cet ouvrage ont été réalisées suite à une violence conjugale, dans le cadre d'un travail spécifique de promotion de la résilience. Ce dernier vise notamment le travail des pensées et des émotions ainsi que la réalisation d'histoires de résilience, suivant certaines consignes d'écriture. Il s'agit de devenir auteure de son vécu de violence conjugale en passant du récit de soi au récit de fiction puis en allant vers des histoires de résilience.
(Coll. Histoires de résiliences, 11.50 euros, 80 p.)
ISBN : 978-2-343-01095-3, ISBN EBOOK : 978-2-296-53945-7

THÉÂTRAL (LE) COMME LIEU D'EXPÉRIENCE DES NEUROSCIENCES COGNITIVES
À la recherche du principe d'adhésion
Bressan Yannick
Comment le spectateur de théâtre peut-il, par instant, percevoir le personnage au sein d'une réalité fictive alors qu'il voit un comédien sur des planches de théâtre ? Cette question de l'émergence d'une réalité, outre ses implications psychologiques, concerne un large champ disciplinaire. L'adhésion est en effet un métaphénomène au fondement même de notre inscription au sein d'une réalité. Voici une enquête passionnante sur ce phénomène cognitif essentiel à notre relation au monde perçu.
(Coll. Univers théâtral, 21.00 euros, 212 p.)
ISBN : 978-2-343-00232-3, ISBN EBOOK : 978-2-296-53874-0

FAIM DE BOEUF
Témoignage d'une boulimique
Foissac Véronique
V. entre à la clinique pour boulimie/anorexie sévère. Ce travail d'écriture est un témoignage poignant sur la vie au quotidien d'une jeune femme boulimique et vise à montrer que la rencontre avec un psy «à la hauteur» a pu permettre un échange d'une durée de onze ans, riche en émotions et en batailles pour la vie contre toutes ces «petites morts».
(Coll. Récits de vie, 47.50 euros, 492 p.)
ISBN : 978-2-336-29363-9, ISBN EBOOK : 978-2-296-53573-2

PSYCHANALYSE (LA) COMME PARCOURS POÉTIQUE
Une odyssée de soi
Taranto-Tournon Gabriela
Loin de toute ambition théorique, la voix du patient se fait entendre en toute sincérité, ponctuée ici et là par la voix du thérapeute, dans un «dialogue» d'écriture à écriture qui aspire à restituer la vérité et le vécu. Il s'agit également

d'une approche littéraire de la psychanalyse qui, en la complimentant d'être proche de la poésie, met l'accent sur l'extraordinaire ressemblance qui existe entre L'*Odyssée* et un cheminement thérapeutique, qui est toujours une odyssée intérieure, une odyssée de soi.
(Coll. Psychanalyse et civilisations, 13.00 euros, 112 p.)
ISBN : 978-2-336-29299-1, ISBN EBOOK : 978-2-296-53514-5

SUR LES PSEUDO-HALLUCINATIONS
Khrisanfovitch Kandinsky Victor - Traduit du russe par Anik Maufras du Chatellier
Nous ne devons pas considérer cet intérêt pour le travail de Victor Khrisanfovitch Kandinsky comme un simple hommage rendu à un classique de la science psychiatrique, mais comme un point de départ possible pour l'élaboration de nouvelles hypothèses. Cette monographie contient quantité de phénomènes psychopathologiques que l'auteur s'est efforcé d'interpréter selon le niveau de la science de son temps. Notons que ces interprétations concernaient des phénomènes que l'auteur avait vécus personnellement.
(Coll. Psychanalyse et civilisations, série Trouvailles et Retrouvailles, 25.50 euros, 250 p.) *ISBN : 978-2-343-00145-6, ISBN EBOOK : 978-2-296-53674-6*

AU-DELÀ DE LA PAROLE
Mémoire d'une analyse pas comme les autres
Matoré Yolande
Paris, 1975, Yolande Matoré est en analyse chez un psychanalyste réputé. Celui-ci décide alors de changer le cours de la thérapie ; il introduit dans les séances freudiennes classiques des pratiques sexuelles, les justifiant par la nécessité de débloquer certaines défenses pour faire avancer l'analyse. Abus sexuel, acte thérapeutique ? Cet ouvrage est le récit de cette aventure scandaleuse et bien surprenante, qui a transformé la vie de l'auteur pour toujours.
(Coll. Récits de vie, série Psychanalyse et Écriture, 20.00 euros, 196 p.)
ISBN : 978-2-343-00160-9, ISBN EBOOK : 978-2-296-53381-3

PATHOLOGIES (LES) REBELLES
Essai de psychopathologie clinique à l'usage de la psychothérapie
Schmitt Olivier
Cet essai a un double fondement : d'une part le constat d'une augmentation des troubles du comportement et de l'humeur dans nos sociétés occidentales et d'autre part l'augmentation du nombre de ces patients chez les psychiatres en cabinet de ville. Dans le souci de réinterroger, voire d'actualiser la nosographie française, Olivier Schmitt poursuit une réflexion sur ces pathologies qu'il qualifie de rebelles.
(Editions PENTA, Coll. Psychanalyse, médecine et société, 19.00 euros, 180 p.)
ISBN : 978-2-917714-07-2, ISBN EBOOK : 978-2-296-53429-2

SOPHROLOGIE ET VIE QUOTIDIENNE
XXXXVe Congrès de la Société française de sophrologie
Sous la direction de Claudie Terk-Chalanset et Véronique Rousseau
Parce que le monde change et semble aller d'une marche forcée vers l'aveuglement et la dureté, mené de main de fer par une économie ultralibérale, il nous oblige

à chercher consciemment dans notre quotidien des forces de ressources, de refuge et de résilience. Médecins, philosophes, psychologues cliniciens, mais aussi sociologues et sophrothérapeutes de terrain, tous animés du désir d'aider chacun à réenchanter sa vie jour après jour, s'expriment sur le quotidien et ses problématiques.
(22.00 euros, 224 p.)
ISBN : 978-2-343-00434-1, ISBN EBOOK : 978-2-296-53472-8

MÉTAPHYSIQUE ET PSYCHANALYSE
Bérard Bruno, Brun Alain, Dawalibi Paul, Lucas David, Cazenave Michel, Reniers Dominique
Métaphysique et psychanalyse sont, l'une comme l'autre, hybrides d'un certain point de vue : la psychanalyse est un «art» et une science, la métaphysique une science et une «voie» ; de là, les controverses continues dont elles peuvent faire l'objet. Six contributeurs, des horizons variés de la psychanalyse, de la psychologie ou de la philosophie, délivrent ici un dialogue sans concessions, entre métaphysique et psychanalyse.
(Coll. Métaphysique au quotidien, 18.00 euros, 178 p.)
ISBN : 978-2-343-00543-0, ISBN EBOOK : 978-2-296-53347-9

ESPRIT (L') DE LA CLINIQUE
Sous la direction de Danièle Césaréo
C'est dans la volonté d'inscrire les pratiques sociales et la clinique de l'acte analytique dans une démarche de recherche ouverte que l'association ALTERS propose cet ouvrage. Il interroge sur la médecine générale «humaniste» et la médecine de l'organisme, sur la clinique psychiatrique et la maladie mentale, sur la clinique psychanalytique et la réalité psychique et tente de définir s'il existe une clinique spécifique du travail social.
(Coédition ALTERS, 24.00 euros, 234 p.)
ISBN : 978-2-336-29057-7, ISBN EBOOK : 978-2-296-53257-1

POUR UNE DÉMARCHE CLINIQUE ENGAGÉE
Ouvrage coordonné par Ruth Canter Kohn
C'est parce que la réalité se présente comme complexe et changeante que les auteurs de ce livre se sont engagés dans des méthodes de recherche originales. Le qualificatif «clinique» s'est imposé pour qualifier et approfondir la démarche : il s'agit d'approcher des cas individuels, des situations et des processus singuliers saisis dans leurs histoires et leur complexité.
(Coll. Savoir et formation, 15.50 euros, 144 p.)
ISBN : 978-2-343-00261-3, ISBN EBOOK : 978-2-296-53177-2

L'HARMATTAN ITALIA
Via Degli Artisti 15; 10124 Torino

L'HARMATTAN HONGRIE
Könyvesbolt ; Kossuth L. u. 14-16
1053 Budapest

L'HARMATTAN KINSHASA
185, avenue Nyangwe
Commune de Lingwala
Kinshasa, R.D. Congo
(00243) 998697603 ou (00243) 999229662

L'HARMATTAN CONGO
67, av. E. P. Lumumba
Bât. – Congo Pharmacie (Bib. Nat.)
BP2874 Brazzaville
harmattan.congo@yahoo.fr

L'HARMATTAN GUINÉE
Almamya Rue KA 028, en face du restaurant Le Cèdre
OKB agency BP 3470 Conakry
(00224) 60 20 85 08
harmattanguinee@yahoo.fr

L'HARMATTAN CAMEROUN
BP 11486
Face à la SNI, immeuble Don Bosco
Yaoundé
(00237) 99 76 61 66
harmattancam@yahoo.fr

L'HARMATTAN CÔTE D'IVOIRE
Résidence Karl / cité des arts
Abidjan-Cocody 03 BP 1588 Abidjan 03
(00225) 05 77 87 31
etien_nda@yahoo.fr

L'HARMATTAN MAURITANIE
Espace El Kettab du livre francophone
N° 472 avenue du Palais des Congrès
BP 316 Nouakchott
(00222) 63 25 980

L'HARMATTAN SÉNÉGAL
« Villa Rose », rue de Diourbel X G, Point E
BP 45034 Dakar FANN
(00221) 33 825 98 58 / 77 242 25 08
senharmattan@gmail.com

L'HARMATTAN TOGO
1771, Bd du 13 janvier
BP 414 Lomé
Tél : 00 228 2201792
gerry@taama.net

Achevé d'imprimer par Corlet Numérique - 14110 Condé-sur-Noireau
N° d'Imprimeur : 106399 - Dépôt légal : mars 2014 - *Imprimé en France*